発達障害を
乗りこえる

特別支援教育士スーパーバイザー
竹内吉和

幻冬舎ルネッサンス新書
092

はじめに

今から5年ほど前、私は幼なじみの女性から、お子さんのことで相談を受けました。大学入学以来、約30年ぶりの再会です。突然鳴った電話で、彼女は最初にこう言いました。

「アスペルガー症候群の子どものことが心配で毎日眠れない。自分もがんになり、自分を支えるだけでも精一杯なのに、もうどうしていいのか分からない」

そして、こう続けたのでした。

「死にたい」と。

彼女は10年前に離婚し、2人の女の子を一人で育てていました。次女は、小学校に入学する前、「アスペルガー症候群」の診断を受けていました。本書で詳しく書いていますが、アスペルガー症候群は、他人の気持ちやその場の雰囲気などを読み取るのが苦手だったり、コミュニケーションがかみ合わなかったり、こだわりが強かったりする障害ですが、知的発達や言葉の遅れがないものです。この次女が、大学入学してすぐに、リストカットなどを頻繁に行うようになり、どうしていいのか悩んでいたのです。

命に別状はなかったのですが、自殺騒動以来、次女は大学を休学し、広島市の実家に戻ってきました。しかし彼女はリストカットを常習的に繰り返しています。

幼なじみは言います。

「発達障害の相談先がなくて、どうしていいかずっと分からなかった」

「最近になって、子どもの相談は受け付けてくれるところが出てきたが、大学生の娘のような大人の相談を受けてくれるところがなくて途方にくれた」

「孤立感と絶望感しかなかった」

「がんになり、自分を支えるだけで精いっぱいで何度も娘と一緒に死のうと思った」

私は電話を受けて以来、娘さんの発達検査から始まり、教育相談、特性分析、対応方法の助言など、頻繁に相談に乗るようになりました。お金も取りませんでした。幼なじみからお金など取ってはいけないと考えていたのです。

今、冷静に考えてみると、これらの行為はすべてカウンセラーとしては失格と言わざるを得ません。日本臨床心理士資格認定協会の倫理綱領には、次のように書いてあります。

「臨床心理士は自らの影響力や私的欲求を常に自覚し、来談者の信頼感や依存心を不当に利用しないように留意しなければならない。その臨床業務は職業的関係の中でのみ行い、来談者又

は関係者との間に私的関係をもってはならない」(第五条第2項)
私は、私的関係として幼なじみの相談に乗り、自分の意見を押し付けていたのかもしれません。
カウンセラーとして対象の自立を促していかなければならないのに、幼なじみゆえ、一心同体となって問題を解決しようとしていました。金銭を受け取らないことも含め、自分が理性的だったかといえば、それは否定せざるを得ません。
私は、最初の電話から1年が経ったとき、ようやく自分の至らなさに気づき、他のカウンセラーを彼女に紹介して、相談を中止させてもらいました。心が引き裂かれるような思いでしたが、そうしなければいけないと思ったのです。

この出来事は、私にカウンセラーとして大きな気づきを与えてくれました。

発達障害への取り組みは、自立と社会参加を促すものでなければいけないということです。

そして、同時にこの経験から分かったことは、発達障害そのものについての知識を多くの方々に持ってもらうことの重要性です。身近に必ず発達障害で悩んでいる方がいるという事実を多くの方々に知ってほしいと思いました。さらに、発達障害の当事者や親などの支援者は、発達障害をめぐる社会のシステムを知ることが、必要なのではないかということでした。それも一部の専門家が独占するような知識ではなくて、多くの人がすぐに手に取れ、活用できるように噛み砕いた分かりやすい表現で提供させなければなりません。

そうしたいくつもの思いが発端となり、筆をとりました。


なお、本書の中には私が長年の間、教師として、指導主事として、カウンセラーとして、子どもたちや親御さんの相談者として経験してきた多くの事例を紹介しています。個人が特定できないように何千という事例を事実から大きく離れないように組み合わせて描いています。したがって、これらの事例はそっくりそのままの事実ではありません。人物名もすべて仮名です。しかし、うそでもないのです。実際に経験した貴重な体験を書いています。皆さん自身や皆さんの大切な方と重ね合わせながらイメージしていただければと思います。

発達障害は治すものではなく、発達障害を支援の必要な個性としてとらえることが重要です。そうすることで、誰もが幸せになれるような世の中に変わっていかなければならないと思います。

本書は、長年に渡って学校現場で向き合ってきた発達障害のあるお子さん、知り合った親御さんの思いの上にできています。

どうか最後まで読んでいただけたらと思います。

発達障害を乗りこえる

目次

編集協力　中村悟志
ＤＴＰ　廣瀬梨江

第一章　発達障害は改善できる

日本の発達障害者は「827万人」、大阪市3個分

2012年の12月5日に文部科学省が発表した「通常の学級に在籍する発達障害の可能性のある特別な教育的支援を必要とする児童生徒に関する調査」によると、通常の学級に通う小・中学校の児童生徒のうち、6・5%の子どもに発達障害の可能性があるということが分かりました。なお、この調査は担任教師による回答に基づくもので、発達障害の専門家の判断や医師による診断によるものではありません。私は、さまざまな学校をめぐり、年に約100人、この10年間で1000人ほどに及ぶ、発達障害の疑いがある子どもたちの実態を観察してきました。私が実際に見てきた現場の状況から考えてみると、もう少しその割合は高いのではないかと思っています。

発達障害は、症状に気づきにくい場合があり、発達障害と診断はされていなくても、実は発達障害が隠れていて、その症状によって、「会社での人間関係がうまくいかない」「なぜ、頑張って勉強しても成績が伸びないのだろうか」などと悩んでいる方は多くいます。さらに、そのような症状に悩んでいる人の周りにいる親や教師、上司、部下、クラスメイトの中には、どう手を差し伸べていいのか戸惑っている方も少なくありません。

私は、講演などが終わった後に、「子どもが言うことを聞かなくて、どうしても腹が立ってしまう」「いくら注意しても授業中、歩き回ってしまう生徒がいる。いっそ転校してくれない

かと願ってしまう」といった相談をよく受けます。

なんてことを言う教師や親だと思われた方もいるかもしれませんが、相談に来る方の多くは、子育てや教育にまじめに取り組んでいる方々です。一生懸命に子どもを愛し、手を差し伸べてもうまくいかず、これからどうすればいいのか未来が見えずに思いつめ、憔悴《しょうすい》しきった表情を浮かべながら藁《わら》にもすがる思いで、私に相談してくるのです。

そのような現状なども鑑みると、1学級の10%から20%くらいの子どもが、発達障害と思われる症状によって、学校生活に困難をきたしているように感じています。

いずれにしても、少なくとも6・5%の子どもたちは、発達障害の可能性があるというのは確かなようです。この数字はとても大きい数字です。

発達障害が、生まれつきの脳の機能障害であり、現段階では治療困難なものであるということから考えると、この数字はおおむね全国民に当てはめることができるのではないでしょうか。

2013年10月段階での日本の総人口は1億2729万8000人ですから、約827万人の方が発達障害の可能性があるということになります。2013年の大阪市の人口が約268万人なので、827万人という数字は、大阪市約3個分の人口に相当します。

この児童生徒に関する調査ですが、2002年にも同様の調査をしており、2012年の調査は10年ぶりに行われたものでした。10年前の結果は、6・3%でした。再調査の結果がほぼ同じような数字となったことは、今回の6・5％という数字が妥当なものであるという一つの証拠となります。

さらに、2002年当時、この調査の呼び名は「通常の学級に在籍する特別な教育的支援を必要とする児童生徒に関する実態調査」でしたが、2012年では「通常の学級に在籍する発達障害の可能性のある特別な教育的支援を必要とする児童生徒に関する調査」となりました。

発達障害という文字が加わったのです。発達障害が教育現場で問題になっていることを国が理解したのでしょう。国が財源を確保して条件整備をする上で、発達障害と明言したことはとても大きいと評価しています。

おそらく日本全国で、6・3％という数字を根拠に発達障害者への支援策を強化していった

知的発達に遅れはないものの学習面や行動面で著しい困難を示すと担任教師が回答した児童生徒の割合

	2012年	2002年
学習面か行動面で著しい困難を示す	6.5%	6.3%
学習面で著しい困難を示す	4.5%	4.5%
行動面で著しい困難を示す	3.6%	2.9%
学習面と行動面ともに著しい困難を示す	1.6%	1.2%

知的発達に遅れはないものの学習面、各行動面で著しい困難を示すとされた児童生徒の割合

	2012年	2002年
A：学習面で著しい困難を示す	4.5%	4.5%
B：「不注意」又は「多動性-衝動性」の問題を著しく示す	3.1%	2.5%
C：「対人関係やこだわり等」で問題を著しく示す	1.1%	0.8%

ケースはたくさんあったのだろうと思いますし、実際、2002年以降、まだまだ十分とは言えませんが、支援体制は整えられてきました。総じて発達障害の関心は高まっているといえます。

2012年12月発表の発達障害の可能性があるとされた6・5％の児童生徒の内訳を、前ページに示しておきます。参考までに2002年発表の数字も紹介しておきます。

表にある「学習面で困難を示す」「行動面で困難を示す」「不注意」「多動性－衝動性」といったものは発達障害によって現れる症状です。発達障害というのはさまざまな障害の総称であり、ひと口に発達障害といっても、人によって現れる症状はさまざまです。いくつかの症状が重なって現れている人もいれば、一つの症状だけ現れている人もいます。

本人の状態や現れている症状によって、さらに自閉症スペクトラム障害、LD（学習障害）、ADHD（注意欠陥多動性障害）などと分類されていきます。

それでは、次の項から、発達障害とは何か、どのような症状が現れ、どのような分類がなされているのかといったことを見ていきたいと思います。

発達障害は気づきにくい

初めに日本における発達障害の歴史について、基本的な知識を確認しておきます。障害の中でも、身体障害、精神障害、そして知的障害のいわゆる「三障害」が障害者福祉の対象です。発達障害は含まれていません。

したがって、発達障害を抱えた人たちに対して、直接的な支援策が講じられることはありませんでした。障害者福祉の対象を、発達障害である自閉症とてんかんを含めた「五障害」にすべきであるという意見は、今なお論議されています。三障害には含まれていないのですが、重篤な発達障害に対しての支援は急務であることが、徐々に論じられるようになりました。そして、全国の自閉症児の親が中心となって、自閉症児・者の福祉増進を目的とした、民間の社団法人日本自閉症協会が1989年に設立され、2002年に厚生労働省も自閉症・発達障害支援事業を開始するのです。

一方、文部省（現・文部科学省）もLDへの対応を検討していました。

研究を進める中で、LDだけでなく、知的な遅れはないが特別に教育的配慮が必要な高機能自閉症やADHDのある児童生徒が、通常学級にも在籍していることに注目するようになります。

このような、厚生労働省と文部科学省の流れが合わさって2005年、「発達障害者支援法」の施行にいたります。

この法律はわが国で初めて発達障害の定義を明記し、教育や就職での支援の必要性を示しました。そして本書でも詳述する特別支援教育や発達障害を抱えた人たちの就労支援が行われるようになったのです。

発達障害の諸問題を解決するには、福祉と教育の連携は欠かせません。そのためには、文部科学省と厚生労働省の連携こそ課題解決の鍵を握ると思います。この「発達障害者支援法」の成立は、この2つの役所の連携によって成し遂げられた好例であると考えられます。

障害者の地域生活と就労における自立を支援するために2006年に施行された「障害者自立支援法」の一部が2013年に改正され、「障害者の日常生活及び社会生活を総合的に支援するための法律」（通称、障害者総合支援法）と名称が変わり、発達障害が障害の範囲に含まれることが法律上明示されました。これにより、施設への入所や移動でのヘルパーの活用、保育士への専門家による助言など、いろいろな場面で、発達障害を抱えた人たちへの支援体制が整備される方向に進むのではないかと期待しています。


では、その発達障害とは何かを見ていきましょう。発達障害は知的障害を含む包括的な概念です。包括的だからこそ分かりにくいとも言えます。

発達障害に分類される個々の障害について、まず理解することから始めましょう。

2005年に施行された「発達障害者支援法」第二条第1項で発達障害について定義してい

ます。主に次の1、2、3の3つが発達障害に分類され、4その他として政令で補足して付記するという構造になっています。

1. 自閉症、アスペルガー症候群やその他のPDD（広汎性発達障害）
2. LD（学習障害）
3. ADHD（注意欠陥多動性障害）
4. その他（他のさまざまな政令では「会話および言語の特異的発達障害」「運動機能の特異的発達障害」などが挙げられています）

条文をそのまま引用します。

「この法律において『発達障害』とは、自閉症、アスペルガー症候群その他の広汎性発達障害、学習障害、注意欠陥多動性障害その他これに類する脳機能の障害であってその症状が通常低年齢において発現するものとして政令で定めるものをいう」

先に、構造をあらかじめ理解して条文を読むとよく分かるのではないでしょうか。たった3行の条文ですが、発達障害を4つに分類し、それ以外の症状でも該当するものは、その他として発達障害と政令で定めることができるという重要な記載がなされています。

発達障害と特別支援教育に関する最近の動き

1994（平成6）年	特別なニーズ教育に関する世界会議「サラマンカ宣言」採択
2001（平成13）年	世界保健機関（WHO）第54回総会において「ICF（国際生活機能分類）」採択
2004（平成16）年	文部科学省「小・中学校におけるLD（学習障害）、ADHD（注意欠陥／多動性障害）、高機能自閉症の児童生徒への教育支援体制の整備のためのガイドライン（試案）」発表
2006（平成18）年	「障害者自立支援法」施行
	「障害者の権利に関する条約」採択
	「教育基本法」の公布・施行
	「高齢者、障害者等の移動等の円滑化の促進に関する法律（バリアフリー法）」成立
2007（平成19）年	「障害者の権利に関する条約」署名
2008（平成20）年	「幼稚園教育要領」「小学校・中学校学習指導要領」の改訂
	「障害のある児童及び生徒のための教科用特定図書等の普及の促進等に関する法律施行令」施行
2009（平成21）年	文部科学省「特別支援教育の更なる充実に向けて（審議の中間取りまとめ）」発表
	「高等学校学習指導要領」「特別支援学校幼稚部教育要領」「同小学部・中学部学習指導要領」「同高等部学習指導要領」の改訂
	文部科学省「高等学校における特別支援教育の推進について」報告
	内閣府「障がい者制度改革推進本部」「障がい者制度改革推進会議」設置
2010（平成22）年	公立高等学校授業料無償化の開始
2011（平成23）年	東日本大震災発生
2012（平成24）年	文部科学省がいじめの実態について、全国調査実施
	文部科学省調査「通常の学級に在籍する発達障害の可能性のある特別な教育的支援を必要とする児童生徒」報告
2013（平成25）年	「障害者総合支援法」施行（「障害者自立支援法」の改正に伴い、法律名が変更）

本書には、多くの法令や条約の条文、役所が出した通知文や報告書などが引用されています。なぜ、そこにこだわるのかというと「発達障害を乗りこえる」ためには法律は欠くことのできないアイテムになるからです。

それでは、1自閉症、アスペルガー症候群その他のPDD、2LD、3ADHDの定義および判断基準を見ていきます。

4のその他については、内閣が制定した「発達障害者支援法施行令」の第一条と厚生労働省が定めた「発達障害者支援法施行規則」で確認できますが、1、2、3の3つが主なものとなりますので、本書では説明を割愛します。

発達障害の症例と定義

文部科学省の報告書における自閉症、高機能自閉症、LD、ADHDの定義を示しておきます。さらに、発達障害のイメージを明確にするために、文部科学省が前述した2002年の実態調査で使用したチェックリストから、症状が行動面としてどのような形で出るかを述べてそれぞれの行動を例示します。

【1．自閉症、アスペルガー症候群その他のPDD】

・自閉症（Autistic Disorder）の定義
「自閉症とは、３歳位までに現れ、①他人との社会的関係の形成の困難さ、②言葉の発達の遅れ、③興味や関心が狭く特定のものにこだわることを特徴とする行動の障害であり、中枢神経系に何らかの要因による機能不全があると推定される」

・高機能自閉症（High-Functioning Autism）の定義
「高機能自閉症とは、３歳位までに現れ、①他人との社会的関係の形成の困難さ、②言葉の発達の遅れ、③興味や関心が狭く特定のものにこだわることを特徴とする行動の障害である自閉症のうち、知的発達の遅れを伴わないものをいう。また、中枢神経系に何らかの要因による機能不全があると推定される」

・アスペルガー症候群（Asperger Syndrome）の定義
「アスペルガー症候群とは、知的発達に遅れを伴わず、かつ、自閉症の特徴のうち言葉の発達の遅れを伴わないものである。なお、高機能自閉症やアスペルガー症候群は、広汎性発達障害に分類されるものである」

いずれも文部科学省が2003年に発表した「今後の特別支援教育の在り方について（最終報告）」からの抜粋です。

1に該当するものを大きなくくりで広汎性発達障害、もしくは自閉症スペクトラム障害と呼んでいます。主な特性としては「対人関係がうまくいかない」「社会にうまく馴染めない」「コミュニケーションが苦手」「パターン化した行動・興味にこだわる」といったことが挙げられます。

この広汎性発達障害の中でも、主な症状として知られるのが、自閉症とアスペルガー症候群です。

自閉症というと、その言葉から、他人に心を閉ざして自分から閉じこもってしまう病気と考え、環境や躾《しつけ》といった後天的なものが要因と考えている方も少なくありませんが、文部科学省の定義にあるように、中枢神経、すなわち、脳の特性という先天的なものが要因になります。

具体的な症状は「対人関係・社会性に困難が生じる」「コミュニケーションをとることが苦手」「一つのことへの執着」といった症状が出ることが多く、生後間もなくから症状が明らかになることもあります。

この自閉症には、知能に遅れが出る場合と出ない場合があり、後者を高機能自閉症と呼んでいます。高機能といっても特に知能が高いという意味ではなく、知的に遅れがないということを高機能と言っています。

高機能自閉症は、他者とのコミュニケーションや社会性に困難を抱えていながらも、知的な遅れも伴わず、言語の発達にも遅れが見られないことも多いために、非常に気がつきにくいものです。支援の手が差し伸べられないまま成長し、友人たちとのコミュニケーションの食い違いなどによってトラブルが発生してから気がつくケースが多く見られます。

自閉症は、行動面「対人関係やこだわり」などとして表面化します。自閉症の行動を文部科学省のチェックリストから抜粋すると次の1～27になります。

1. 大人びている。ませている
2. みんなから、「○○博士」「○○教授」と思われている（例：カレンダー博士）
3. 他の子どもは興味を持たないようなことに興味があり、「自分だけの知識世界」を持っている
4. 特定の分野の知識を蓄えているが、丸暗記であり、意味をきちんとは理解していない
5. 含みのある言葉や嫌みを言われても分からず、言葉通りに受けとめてしまうことがある
6. 会話の仕方が形式的であり、抑揚なく話したり、間合いが取れなかったりすることがある

7. 言葉を組み合わせて、自分だけにしか分からないような造語を作る
8. 独特な声で話すことがある
9. 誰かに何かを伝える目的がなくても、場面に関係なく声を出す（例：唇を鳴らす、咳払い、喉を鳴らす、叫ぶ）
10. とても得意なことがある一方で、極端に不得手なものがある
11. いろいろなことを話すが、その時の場面や相手の感情や立場を理解しない
12. 共感性が乏しい
13. 周りの人が困惑するようなことも、配慮しないで言ってしまう
14. 独特な目つきをすることがある
15. 友達と仲良くしたいという気持ちはあるけれど、友達関係をうまく築けない
16. 友達のそばにはいるが、1人で遊んでいる
17. 仲の良い友人がいない
18. 常識が乏しい
19. 球技やゲームをする時、仲間と協力することに考えが及ばない
20. 動作やジェスチャーが不器用で、ぎこちないことがある
21. 意図的でなく、顔や体を動かすことがある

22. ある行動や考えに強くこだわることによって、簡単な日常の活動ができなくなることがある
23. 自分なりの独特な日課や手順があり、変更や変化を嫌がる
24. 特定の物に執着がある
25. 他の子どもたちから、いじめられることがある
26. 独特な表情をしていることがある
27. 独特な姿勢をしていることがある

この27の項目のうち、10以上当てはまれば対人関係やこだわりなどという点において困難な状況にあると見てよいと思います。

ただし、文部科学省はこの1～27のそれぞれについて、「0：いいえ、1：多少、2：はい」の3段階で回答し、22ポイント以上だった場合に行動面（「対人関係やこだわり等」）で著しい困難があるとしています。

アスペルガー症候群も高機能自閉症と同じく知的な遅れがありません。コミュニケーション能力に関して目立った症状がなく、こだわりや対人関係に困難を生じることが多いようです。

具体的には、「言葉を文字通りに受け取ってしまい、冗談が通じない」「特殊なものを収集す

る癖がある」「親しい友人関係を築くのが苦手」「集団で遊ばない」といった特徴があります。

自閉症やアスペルガー症候群以外にも、言語や精神面などが2歳ぐらいまでは順調に発達していたにもかかわらず、急に退行していく小児期崩壊性障害やレット症候群（女子のみに発症する進行性の遺伝病。自閉症、てんかん、特有の常同運動〈常に手もみなどの決まりきった行動をする〉が特徴）、なども広汎性発達障害（もしくは自閉症スペクトラム障害）に含まれます。

【2．LD】

2のLD（Learning Disabilities）は、成績不振の原因にもなる学習障害のことです。

1999年に文部科学省から発表された「学習障害児に対する指導について（報告）」には次のようにあります。

「学習障害とは、基本的には全般的な知的発達に遅れはないが、聞く、話す、読む、書く、計算する又は推論する能力のうち特定のものの習得と使用に著しい困難を示す様々な状態を指すものである。学習障害は、その原因として、中枢神経系に何らかの機能障害があると推定されるが、視覚障害、聴覚障害、知的障害、情緒障害などの障害や、環境的な要因が直接の原因となるものではない」

LDは、学習における、「聞く」「話す」「読む」「書く」「計算する」「推論する」といった6つの領域で現れます。

LDによって学習面にどのような困難があるのか、文部科学省のチェックリストから抜粋し、第1領域「聞く」、第2領域「話す」、第3領域「読む」、第4領域「書く」、第5領域「計算する」、第6領域「推論する」に分けて紹介していきます。

【第1領域「聞く」】

1. 聞き間違いがある（「知った」を「行った」と聞き間違える）
2. 聞きもらしがある
3. 個別に言われると聞き取れるが、集団場面では難しい
4. 指示の理解が難しい
5. 話し合いが難しい（話し合いの流れが理解できず、ついていけない）

この5項目のうち4項目以上該当すれば「聞く力」に困難な状況があると判断してよいと思います。文部科学省では、「ない（0ポイント）、まれにある（1ポイント）時々ある（2ポ

イント）、よくある（3ポイント）、の4段階」で回答し、12ポイント以上だった場合に「聞く」という領域に著しい困難があると判断するとしています。以下、「話す力」「読む力」「書く力」「計算する力」「推論する力」を同様に見ていきます。

【第2領域「話す」】

1. 適切な速さで話すことが難しい（たどたどしく話す。とても早口である）
2. ことばにつまったりする
3. 単語を羅列したり、短い文で内容的に乏しい話をする
4. 思いつくままに話すなど、筋道の通った話をするのが難しい
5. 内容をわかりやすく伝えることが難しい

【第3領域「読む」】

1. 初めて出てきた語や、普段あまり使わない語などを読み間違える
2. 文中の語句や行を抜かしたり、または繰り返し読んだりする
3. 音読が遅い
4. 勝手読みがある（「いきました」を「いました」と読む）

5. 文章の要点を正しく読みとることが難しい

【第4領域「書く」】

1. 読みにくい字を書く（字の形や大きさが整っていない。まっすぐに書けない）
2. 独特の筆順で書く
3. 漢字の細かい部分を書き間違える
4. 句読点が抜けたり、正しく打つことができない
5. 限られた量の作文や、決まったパターンの文章しか書けない

【第5領域「計算する」】

1. 学年相応の数の意味や表し方についての理解が難しい（三千四十七を300047や347と書く。分母の大きいほうが、分数の値として大きいと思っている）
2. 簡単な計算が暗算でできない
3. 計算をするのにとても時間がかかる
4. 答えを得るのにいくつかの手続きを要する問題を解くのが難しい（四則混合の計算、二つの立式を必要とする計算）

5. 学年相応の文章題を解くのが難しい

【第6領域「推論する」】

1. 学年相応の量を比較することや、量を表す単位を理解することが難しい（長さやかさの比較。「15㎝は150㎜」ということ）
2. 学年相応の図形を描くことが難しい（丸やひし形などの図形の模写。見取り図や展開図）
3. 事物の因果関係を理解することが難しい
4. 目的に沿って行動を計画し、必要に応じてそれを修正することが難しい
5. 早合点や、飛躍した考えをする

以上の6つの領域において、少なくとも1つの領域で著しい困難がある場合に、LDの可能性が高いと考えられます。

LDといっても学習する力が総じて弱いというように漠然と考えてはいけません。このようにとらえている方が、教育関係者の中にも多くいるように感じます。たとえば、「聞く力」だけが弱くてもLDと診断されますし、学習に困難が生じます。しかし、「聞く力」が弱くても、「書く力」は高くて難しい漢字をすらすら書けて、計算も得意という子どももたくさんいます。

LDには、多種多様なタイプがあるのです。

つまり、「LDの子どもには、どのように対応したらよいのでしょうか?」という質問は、質問の体《てい》をなしていないのです。「『聞く力』の弱い子どもには、どのように対応したらよいのですか?」とか「『計算する力』の弱い子どもには、どのように対応したらいいのですか?」というように、その子がLDの中でどの分野が弱いのかを考えて支援する必要があります。

【3．ADHD】

3のADHD（Attention Deficit Hyperactivity Disorder）は、主に行動面として表面化し次のように定義づけされています。

「ADHDとは、年齢あるいは発達に不釣り合いな注意力、及び／又は衝動性、多動性を特徴とする行動の障害で、社会的な活動や学業の機能に支障をきたすものである。また、7歳以前に現れ、その状態が継続し、中枢神経系に何らかの要因による機能不全があると推定される」

前述の「今後の特別支援教育の在り方について（最終報告）」からの引用です。

ADHDは、大きく「不注意性」と「多動性・衝動性」といった2つの症状に分けられます。

「不注意性」というのは、読んで字のごとく、忘れ物をしやすかったり、注意力が足りなくて失敗を重ねてしまったりすること。一方の「多動性・衝動性」に問題がある場合は、常に動きまわっていたり、突発的に怒鳴ったり、叫んだりといった行動をしやすい傾向があります。

それでは、具体的な症状を文部科学省のチェックリストで見ていくことにしましょう。

【第1領域「不注意性」】

1. 学校での勉強で、細かいところまで注意を払わなかったり、不注意な間違いをしたりする
2. 課題や遊びの活動で注意を集中し続けることが難しい
3. 面と向かって話しかけられているのに、聞いていないようにみえる
4. 指示に従えず、また仕事を最後までやり遂げない
5. 学習課題や活動を順序立てて行うことが難しい
6. 集中して努力を続けなければならない課題（学校の勉強や宿題など）を避ける
7. 学習課題や活動に必要な物をなくしてしまう
8. 気が散りやすい
9. 日々の活動で忘れっぽい

この1~9のうち、5項目以上該当すれば「不注意性」に弱さがあると判断してよいでしょ

う。

文部科学省のチェックリストの分析方法は、1～9のそれぞれについて、「0：ない・もしくはほとんどない、1：ときどきある、2：しばしばある、3：非常にしばしばある」の4段階で回答し、0と1を0ポイント、2と3を1ポイントにして計算します。その結果が6ポイント以上だった場合に「不注意性」で著しい困難があるとするのです。

次の第2領域「多動性－衝動性」も同様に計算し、同じく6ポイントを基準にしています。

私は、第2領域「多動性－衝動性」についても1～9のうち、概ね5項目以上該当すれば「多動性－衝動性」に弱さがあると判断してよいと思っています。

それでは、第2領域「多動性－衝動性」のチェック項目です。

【第2領域「多動性－衝動性」】

1. 手足をそわそわ動かしたり、着席していても、もじもじしたりする
2. 授業中や座っているべき時に席を離れてしまう
3. きちんとしていなければならない時に、過度に走り回ったりよじ登ったりする
4. 遊びや余暇活動に、大人しく参加することが難しい
5. じっとしていない。または何かに駆り立てられるように活動する

6. 過度にしゃべる
7. 質問が終わらない内に、出し抜けに答えてしまう
8. 順番を待つのが難しい
9. 他の人がしていることをさえぎったり、じゃましたりする

以上の定義は、いずれもアメリカ精神医学会の診断基準ＤＳＭ（精神障害の診断と統計の手引き：Diagnostic and Statistical Manual of Mental Disorders）を参考に作られています。ＤＳＭの定義とほぼ同義と考えてよいでしょう。ＤＳＭを作ったのは、「アメリカ精神医学会」という米国の民間の一団体ですが、この診断基準が日本はもとより世界中で使用されています。世界中で使用されているのでこれが世界基準すなわち精神医学の診断におけるグローバルスタンダードというわけです。

このＤＳＭが、２０１３年5月に19年ぶりの改訂を行いました。新しいＤＳＭは、第5版になります。よって、「ＤＳＭ-Ｖ」と記します。ＤＳＭは、発達障害についての話の中によく登場するので覚えておいてください。

アスペルガー障害がなくなる

日本でどのように取り入れるのかは、まだ正式に決まってはいませんが、このDSM−Ⅴへの改訂が発達障害の中でも自閉症の診断に、大きな変化を与えることになっています。

DSM−Ⅳ、それも、その修正版であるDSM−Ⅳ−TRが直前のものになりますが、このDSM−Ⅳ−TRでは、自閉性障害（自閉症）、小児期崩壊性障害、レット症候群、アスペルガー障害（文部科学省の定義でいうアスペルガー症候群と同義と考えてください。DSMではアスペルガー障害、文部科学省の定義ではアスペルガー症候群と言っています。本書では、文脈により使い分けています）、特定不能の広汎性発達障害という5つのサブカテゴリーを設け、これらにあてはまる症状をまとめて「広汎性発達障害」としていました。

しかし、DSM−Ⅴでは、サブカテゴリーがなくなり、すべて「自閉症スペクトラム障害」に統合されました。したがって、今までアスペルガー障害や自閉症と言っていたものがなくなり、ひとまとめに自閉症スペクトラム障害と診断されるようになります。

自閉症、高機能自閉症、アスペルガー障害は、実際診断する上では区別がつきにくいものでした。そこで、自閉症スペクトラム障害という形に統合したことで「高機能自閉症だと診断したが、本当はアスペルガー障害だったかも」といった齟齬《そご》も起きなくなり、理論上はより正確になります。

しかし、弊害もあります。一つは、一くくりにしたことで診断の表す症状が増えたため、診断名からその人の状態、症状を詳しく推測するのが難しくなったということです。

こうなると重要なのは、「自閉症スペクトラム障害かどうか」といったように1か0かを判断することではありません。どんな症状で当事者が困っているのか、周りの人たちにとってその人のどこが気になる状態なのかといったことになります。

診断基準よりは、自分はどこが強くてどこが弱いかについて自覚することが大切であり、周りの人たちはその人の弱さが何で、どう対応すればよいかという知識やスキルを持つことがより求められます。

日本にいると分かりにくいのですが、これはアメリカの事情が背景にあると私は考えています。DSMは確かにグローバルスタンダードとなっているかもしれませんが、もともとアメリカにおける精神疾患の診断基準なのです。

アメリカにおいて現在特別な教育プログラムを受けることができるのは、自閉症スペクトラム障害の診断を受けた場合に限られています。そのため、臨床医は自閉症スペクトラム障害という診断を下すようにというプレッシャーを感じることが多いと言います。このことが、統一した理由と関係が深いと私は考えています。したがって、今後10年近くかけて再検討することになるでしょう。特別な教育プログラムというのは、自閉症スペクトラム障害だからではなく、個別の実態に応じて、その子どものニーズがあるから行うものです。

このＤＳＭ－Ⅴへの改訂においてもう一つ皆さんにこの場で訴えたいのは、アスペルガー障害という言葉がなくなったことの弊害です。

私は、ここ10年ぐらい学校の先生方や保護者、一般の方々に発達障害についての理解や啓発を目的とした講演を、年間１５０本以上行っています。講演などでもよくしゃべってきたのが、このアスペルガー障害についてでした。このタイプは、自閉症と同様に対人関係が苦手なため、トラブルを抱えてしまうことがあります。周りから誤解され、いじめの対象となったり、疎外されたりすることも多いのです。

しかし、勉強もできるしよくしゃべるので、よくよく注意しないと、発達障害であることに気づきにくいというとても厄介なものです。そんなアスペルガー障害という言葉の広がりとともに、そのような子どもたちに対する理解が深まりつつあったというのが、私の認識でした。アスペルガー障害という言葉をなくすことによって、その理解がまたゼロに戻ってしまうのではないかと恐れています。

ＤＳＭ－Ⅴでアスペルガー障害という言葉がなくなることが決まっている以上、アスペルガー障害という診断が下されなくなることはほぼ間違いないでしょう。

言葉が変わったからといって、アスペルガー障害の症状がなくなったわけではありません。

診断名の変更に惑わされず、アスペルガー障害の症状がある人に対しては今確認されているアスペルガー障害の対応を続けていかなければなりません。

自閉症スペクトラム障害

それでは、自閉症についてＤＳＭ－Ⅴにおける変更点を示します。

下の図をご覧ください。

ＤＳＭ－Ⅴで登場している自閉症スペクトラムのスペクトラムというのは、連続体のことです。今回の変更の理由を簡単に言えば、広汎性発達障害は、５つのカテゴリーに分けたとしても境目が明確ではなく、そこに混乱が生じているので自閉症スペクトラム障害という１つのカテゴリーに統合しようということです。

DSM－Ⅴになることによる主な変更点

DSM－Ⅳ　広汎性発達障害

①自閉性障害（自閉症）
②小児期崩壊性障害
③レット症候群
④アスペルガー障害
⑤特定不能の広汎性発達障害

↓

DSM－Ⅴ　自閉症スペクトラム障害

①②③④⑤のサブカテゴリーは廃止し
すべてを自閉症スペクトラムと呼ぶことに

このいきさつをたどることにより、自閉症への理解をより深めてもらえたらと思います。

もともとは、１９９７年にイギリスの精神科医ローナ・ウィング（Lona Wing）が自閉症スペクトラムという概念を提唱しました。彼女は娘が自閉症だということもあり、その研究に没頭したという人物です。

自閉症スペクトラムには3つの障害が見られます。いわゆるウィングの「三つ組障害」と呼ばれるものです。ローナ・ウィングの名前からつけています。

1つめは、社会性の障害です。他人と視線が合わず、他者に興味関心を示しません。これらは、成長とともに他者の気持ちがつかめないなどの問題につながっていきます。

2つめは、コミュニケーションの障害です。発語の遅れ、話し言葉が出始めると、聞いた言葉を繰り返す反響言語（エコラリア）などが現れます。比喩《ひゆ》や冗談が分からない、自分中心の話題のみ会話に参加する、双方向の会話が難しいといった特徴を示します。

3つめは、想像力の障害で、こだわりと関係しています。こだわりがあるというのは変化に弱いということです。すなわち、一度身につけた一つのことを繰り返していたほうが安心するということです。これを同一性の保持と言います。

想像する力が弱く先のことが想像できないために、一度身につけたことをかたくなに繰り返すのです。たとえば何十年もの間、家から店が遠くなっても同じ美容師に髪の毛を切ってもらう、昼ごはんは10年間毎日カレーライスを食べるというような行動をします。幼児期だと一つのおもちゃにこだわって遊ぶ、大人になってもアニメキャラクターやファンタジーの世界にどっぷりつかってしまうといったこともあります。

これは、「三つ組」というぐらいなので3つの障害を3つとも併せ持っている場合に「自閉症スペクトラム」と判断し、3つのうち2つないし1つのときは、「自閉傾向がある」と判断していました。

もともと、自閉症は、1943年アメリカの精神科医のレオ・カナー（Leo Kanner）が社会性やコミュニケーションに障害を持つ子どもたちを見出して名づけたものです。そして、その1年後に、オーストリアの小児科医、ハンス・アスペルガー（Hans Asperger）によって、知能や言語能力は高いが、社会性に問題のある子どもたちがいることが分かり、後に、アスペルガー症候群と名づけられました。

カナーの自閉症とアスペルガー症候群という2つの症状を「三つ組」という概念を用い、連続体としてひとまとめにして考えたのがウィングです。

ただし、ウィングの「三つ組」には、3つの障害の境目が見分けにくいために、いくつの症状があるのかが判断しにくいという難点がありました。そこで、今回の改訂で、「三つ組」の症状のいずれかがあったときに、新しい国際診断基準である自閉症スペクトラム障害と総称されることになったのです。

診断基準は変わりましたが、自閉症の研究に没頭したローナ・ウィングの研究成果である「三つ組」は自閉症スペクトラム障害を理解する上において最も分かりやすい概念だと私は考えています。

さらに、この「三つ組」の障害以外にも、最近の研究では4つの特性が見られることが分かりました。多くの自閉症スペクトラム障害の人たちを見てきた私としては、この4つの特性が生きにくさの大きな原因ではないかと考えています。

1点めは、感覚過敏・感覚鈍磨です。私たちの身体全体には、中枢神経系に情報を送る感覚系があります。視覚（見る）、聴覚（聞く）、触覚（触る）、味覚（味わう）、嗅覚（においを嗅ぐ）、前庭感覚（バランスをとる）、固有感覚（身体を知覚する）が感覚系です。視覚は網膜、聴覚が内耳、触覚が肌、味覚が舌、嗅覚が鼻腔、前庭感覚が前庭管、固有感覚が筋肉や関節といったようにそれぞれに感覚器があります。

自閉症スペクトラム障害を抱えていると、それらがうまく働かないのです。特定の音が苦手だったり、光刺激に敏感だったり、特定の肌触りに不快感を覚えたりすることがあります。

食べ物の好き嫌いが多いのも、味覚や嗅覚の感覚過敏からきていることが多く見受けられます。人並み以上にすっぱく感じる、苦く感じる、人並み以上に臭く感じるといったことがあるのです。

一方、過敏とは逆に痛みに鈍感だったり、音に対して注意が向かなかったりといった鈍磨を示すこともあります。両者は表裏一体であるとも言えます。

この感覚系の課題は、日常生活に密接に関連しているからこそ、思った以上にあらゆる場面で重篤な問題を起こします。

2点めは、「心の理論の障害」です。この「心の理論（theory of mind）」という概念は、自閉症と恋愛について考える際の重要な概念です。詳しく解説しておきます。

『LD・ADHD等関連用語集（第3版）』（一般社団法人日本LD学会編、日本文化科学社）には「心の理論」について、次のような記述があります。

「他者に心や感情があるということを認識する能力。1歳前後から芽生える生得的な機能である。心の理論が芽生えることで、他児とのごっこ遊びやゲームなど社会性をもった遊びを楽しむようになり、子ども同士あるいは大人との相互的社会的関係を築くことが可能になる。心の理論は人の気持ちを読む能力、あるいは共感する能力と言ってもよい。

自閉症やアスペルガー症候群（障害）では心の理論の発達が遅れる。最も基本的な第一次のレベルでは『あなたには考えがあるということを私は理解する』、第二次のレベルは『彼がそう思っているとあなたが考えていることを私は理解する』、第三次のレベルは『彼がそう思っていると彼女が考えているとあなたが思っていることを私は理解する』という構造になる。カナータイプの重度の自閉症の場合は一次のレベルの心の理論が生涯にわたって獲得できないことが多い。アスペルガー症候群（障害）の場合は一次のレベル、あるいはより高次の心の理論も獲得することも少なくないが、その時期は遅れ、獲得の仕方も本能的ではなく学習によって獲得される」

引用だけですと少し分かりにくいので、私なりに心の理論がどういうことか説明を加えてみます。

私の娘が3歳のときの話です。歩くと「プープー」鳴るサンダルを気に入って、彼女は、音を鳴らしながら走り回っていました。あまりにもうるさいので、私が「プープーうるさいよ」と言うと、娘は、すかさず「言わんとって（言わないで）」と広島弁で返してきました。そしてまた、プープー鳴らしながら走り回り出したのです。すぐに私が、「うるさいねぇ」と言うと、また「言わんとって」と言って私の口を塞ぎにきました。

娘にとっては、言われた内容がすべてであり、「うるさい」と言われなければうるさいとは思われないという認識なのです。つまり、3歳の彼女は、まだ他者（ここでいう私）に、心や感情があるという認識が曖昧なのです。

ドイツの発達心理学者であるビート・ソディアン（Beat Sodian）は、3歳と4歳の子どもに次のような人形劇を使った実験をして、1992年に発表しています。

まず、子どもの人形を登場させ、2つの箱の1つに金貨を入れます。そして、泥棒には金貨を渡さないで、王様にだけ金貨を渡してねと伝えます。その後、泥棒と王様の人形を持った人が、それぞれ現れ「金貨はどっちにある?」と子どもの人形に尋ねます。それまでの経緯を見てきた子どもたちは、子どもの人形の代わりにその質問に答えるのですが、ここで4歳児と3歳児で差が出ます。

4歳児だと、金貨の入っている箱を王様に、もう一つの何も入っていない箱を泥棒に教えられるのですが、3歳児では、泥棒にも王様にも金貨の入っている箱を教えてしまうのです。

これは、4歳児になってようやく、子どもの人形に「王様だけに金貨を渡す」という信念や欲求、意図といった心があることを理解し、それに沿って行動できるようになるということを意味しているのです。ですから、娘の行動は発達の過程において当然のことであると言えます。

他者に心や感情があるという科学的理論を心の理論と言い、年齢を重ね、心の理論が発達することで、他者に心や感情があるということを認識していくのです。

しかし、自閉症やアスペルガー症候群を抱えていると、その心の理論の発達に障害を抱えてしまうケースが多く見られます。自閉症やアスペルガー症候群を抱えた人たちが、他者の気持ちを考えながら行動するのが苦手だったり、たとえ話や比喩的表現を理解できなかったりするのは、この心の理論障害が原因であり、言葉の裏にある本当の意味を理解できずに、表面的な言葉を字義通りにしかとらえられないからなのです。

恋愛とは、相手の気持に寄り添いながらときに思いやり、ときに突き放すといった、心と心の綱引きのような面を持っています。しがたって、自閉症やアスペルガー症候群を抱えた人にとって、恋愛感情を抱き育てていく行為には、困難が伴うのです。

3点めは、実行機能の障害です。実行機能は、遂行機能とも呼ばれ、自分の行為を計画、実行、監視、修正する心理機能です。つまり、物事を最後までやり遂げることが苦手な場合があります。

実行機能の障害の例としては、50メートル走を全力で走れない子どもが挙げられます。「ヨーイ、ドン」の合図で走り出せない、走り始めても途中で速度が落ちてしまう、途中で止まってしまうのです。ゴールにアンパンマンのぬいぐるみを置いておくと、アンパンマンマーチを歌いながら一気にゴールに向かって走ることができるということもあります。

実際、保育園や幼稚園、小学校の教育現場などでは、アンパンマンを利用して課題を遂行させるような工夫をしている例も多く見受けられます。

4点めは、全体知覚の困難さが挙げられます。私たちは、ものをとらえるとき各要素の統合ではなく「全体」を知覚しています。

たとえば円と円が重なり合っているものを、「重なり合った円」として知覚する方が多いと思いますが、全体知覚の困難さがあると左右線対称の三日月形が接触した図ととらえてしまいます。これは、どうとらえるのが正解というものではありません。

三日月型が接触した図ととらえた方は、知覚においてユニークな存在であり、平均的な知覚の人間から見ると面白い絵を描いたり、建造物の図面を引いたりできる人々なのです。

ただ、細部にこだわるあまり、それが何を描いているのか分からなかったり、実際に住んでみると生活に適さない建造物だったりすることもあります。「木を見て森を見ず」ということです。

また、聴覚情報においては、信号と雑音の区別ができなかったり、雑音の中では、すべての音が同じ音量で聞こえてくるため、人の声に集中できなかったりします。

自閉症のある人の中には、常にうるさそうに耳を押さえている人がいます。それは音量の問題ではなく、すべてが同じ音量で聞こえるので集中できず、いらいらして耳を押さえているのです。

私は、自閉症スペクトラム障害の根本的な課題というのは、生まれつきの聴覚的な課題、すなわち「聞く力」にあると考えています。老いによっても「聞く力」の弱さは現れますが、生まれつき、この「聞く力」に弱さがあるということが問題を発生させている原因の一つではないかと考えているのです。

しかし、「聞く力」が劣っているからといって、ＬＤかというとそうではありません。自閉症スペクトラム障害の人の中には、この「聞く力」に弱さを持った人が多くいます。

この聞く力の正体をこの章では明らかにしていきますが、現段階では漠然と「聞く力」としておきます。読者の皆さんも現段階では、漠然と耳から何かを聞くときに聞き取る力のことを聞く力と表しているという認識でかまいません。

一つ例を出すと、自閉症スペクトラム障害のある人への支援として有名なのが、視覚支援です。

自閉症スペクトラム障害のある人とのコミュニケーションにおいて、ただ音声で伝えるのではなく、絵の描かれたカードや写真、文字情報を見せることを手助けとして使うのです。絵や写真、文字などを見せることにより、「聞く力」の弱さを助けているのです。

自閉症スペクトラム障害が、もともと広汎性発達障害として5つのカテゴリーに区別して診断することが困難であったように、発達障害も自閉症スペクトラム障害なのかＡＤＨＤなのかＬＤなのか、それぞれの症状が重なり合うこともあり、はっきりと区別し診断することは困難です。

重要なのは、この症状だからこの障害とカテゴライズすることではなく、発達障害によって現れるさまざまな症状を鑑みながら、その人がどのような特徴があるのかを知り、それに合わせて対応をすることなのです。

それでは、認知や特性について話を進めていきましょう。

学ぶ力をどう育てるか

発達障害のある人たちは、その特徴として、認知能力の弱さやアンバランスな面があると言われています。認知能力とは、見る、聞く、話す、覚える、考えるなどの知的機能の総称で、いわば学習する力の基礎となる能力のことです。発達障害のある人たちは、この学ぶ力の基礎に弱さを持っています。さらに認知能力の弱さやアンバランスは、学ぶ力だけでなく、運動能力にも大きな影響を及ぼします。ここでいう運動能力は、不器用さや歩き方、立つ姿勢までも含めた広い意味です。

運動能力というと身体的、肉体的な事柄であり、発達障害とは関係ないと思われがちです。しかし、運動能力は、体を使う順序を計画し、構成して実施する運動企画力と実際に骨や筋肉といった身体機能、そして、目や耳、バランスといった知覚・感覚などの認知能力の3つが組み合わさった相当に複雑なものであり、脳の機能と密接に関連しているものなのです。

発達障害のある人は、学ぶ力の基礎に弱さを持っています。これは、生まれついた脳の機能の弱さなので子どもの頃から、この弱さを抱えていると言えます。

たとえば、国語でいうと字が汚いといつも言われていた、漢字の細かい部分を書き間違えることが多い、算数・数学でいうと簡単な計算が暗算でできなかった、周りと比べてとても計算に時間がかかるなどの傾向が、小・中学校、高等学校の頃からあると、発達障害が考えられます。

症状が改善されなければ、マニュアルが読めない、メモがとれないなどさまざまな様相として現れ、仕事に悪影響を与えることもあるでしょう。

また、行動面や対人関係に困難な症状が現れ

学ぶ力の構成図

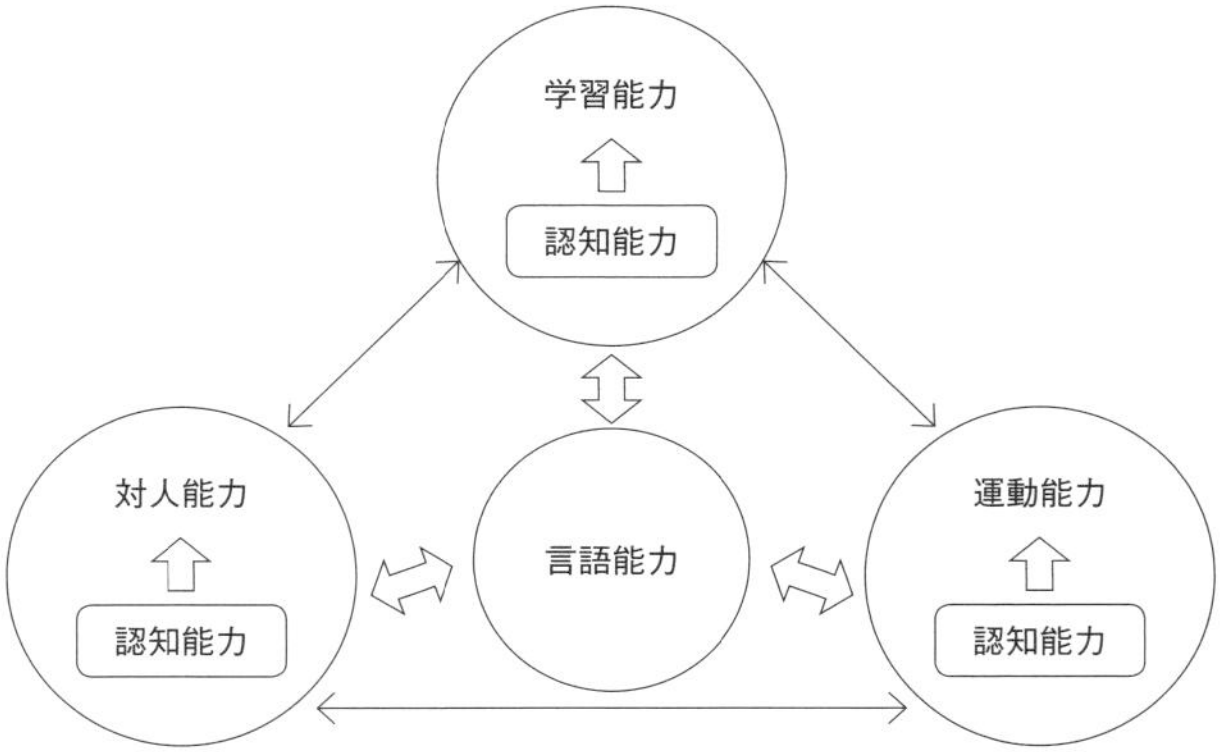

学ぶ力は「学習能力」「運動能力」「対人能力」の３つの力であり、それぞれ認知能力を土台としている。さらに、これらの３つの能力は言語能力と相互に影響し合う。

るＡＤＨＤや高機能自閉症、アスペルガー症候群、広汎性発達障害など自閉症スペクトラム障害の子どもたちも、学習面につまずきを持つ場合が多くあります。

自閉症スペクトラム障害の子どもたちは、理科や数学などで高得点を取ることができても、小説の登場人物の気持ちや物語の行間などを読み取ることが必要な読解問題を解くことができないという傾向が見受けられます。

また、他人を非難するようなストレートな文章はいくらでも書くことができますが、自分の心情を表現するような作文は大の苦手です。

前述のように、心の理論の未発達は、他者の気持ちを理解する力に影響し、ひいては自分の心情を表現することに支障をきたすようになります。これが最終的には、対人関係の弱さをもたらす原因の一つとなります。

以前に、東京大学に毎年たくさんの合格者を出している、ある進学校の生徒が乗っている路線バスに乗り合わせることがありました。２人がけの座席にものの見事に１人ずつ座っていました。座るといきなり、問題集を開いてそれぞれが無言で勉強を始めました。

良いとか悪いと言っているのではありません。客観的に対人関係の弱さを見せている子どもたちに出くわしたことを書いているだけです。この生徒たちは、学力では県下でもトップクラスであることは間違いありません。私は、人間を観察してその人の特性を分析する専門家としての経験から、座っている生徒たちは、みんな対人関係の弱さを持っていると感じました。いわゆる受験の学力は高くとも、対人関係や社会性の面で弱いケースは多くあります。しかし、学習や研究というものは、高度になればなるほど、チームや集団での討論、共同作業によって進められるものです。したがって、学ぶ力を、社会性まで含めて広くとらえる必要があります。

さて、ここで学習とはどういうものなのかを考えてみたいと思います。

さまざまなことを学ぶためには、その解決のためにどのような方法をとり、何を手がかりに解決していくのかをまず考えなければいけません。言い換えれば、その課題にはどのようなスキルが必要なのかを見極めなければいけないのです。

そして、発達障害のある人たちは生まれつき、この認知機能に著しいアンバランスがあるため、おのずと解決しなければいけない課題に対して使えるスキルが限られてしまい、学習面で困難さが生じることになります。

たとえば、覚える力が弱い人に課題を口頭で伝えても、しばらくしたら忘れてしまいます。その場合、認知能力の見るというスキルを利用し、しっかりと文章化したものを渡して、課題を伝えることが必要となります。

ですから、発達障害のある子どもへの学習指導はもちろんのこと、発達障害のある大人に対する仕事の指導においても、どの認知能力が弱く、どれなら優れているのかといった、認知の特性を押さえることがまず重要になってきます。どのように伝えたらうまく伝えられるのか、実際にやってみせるのがいいのか、ステップごとに段階的に伝えたらいいのか、一気に最初から最後まで示したほうがいいのかなど、認知の特性に応じた伝え方があるのです。

そのように周りが手を差し伸べることで、学びからの逃走や退学を止めたり、離職や退職を防いだりすることができるのです。

それでは、認知の特性とは何なのでしょうか。どのように特性を知ることができるのでしょうか。

それらを解き明かす上で必要なのが、「人間がものを学ぶときに必要な力」という観点です。

私たちを支えている「聞く力」

「皆さんは、人間が何かを学ぶとき、どのような力を使っていると思いますか?」

これは、講演会などで私が一番に聴衆の皆さんに聞くことです。

相手は、学校の先生方だったり、保育園の保育士の方だったり、お母さん方だったりするのですが、必ず聞きます。障害者福祉施設の指導員の方々にも、警察学校では少年の街頭補導、少年相談など非行防止と健全育成に従事されている警察少年育成官の方々にも聞きました。

この質問を発した後、聴衆の皆さんは、目をぱちくりさせながら斜め45度上を見つめて一生懸命に考えてくれます。

「覚える力です」

「過去に学んだことを応用する力です」

「学ぼうとする意欲です」と皆さん、頭を振り絞って一生懸命に考えて、さまざまな答えを出してくれます。

毎年たくさんの会場でやっているので、その集団の特徴や現在置かれている状況がその答えから類推できるようになりました。たとえば、幼稚園の先生や保育園の保育士の方々にこの質問をすると、必ず出るのが「遊ぶ力です」という答えです。

幼少期の教育にかかわっているからこそ、遊ぶ力こそ学ぶ力と感じているのです。

荒れた学校と言われている学校からの講演依頼も多くいただきます。以前は、中学校や高等学校が多かったのですが、現在は小学校で生徒指導上の課題を抱えた学校からの依頼が増えてきています。これらの学校の先生方から必ず出るのが「我慢する力」という答えです。まさに、我慢できずに好き勝手やっているとみられる児童生徒たちと、日々向かい合っている姿が浮かびます。

一通り答えをもらって、もう新たな意見が出なくなった段階で私は、「人間がものを学ぶときに使う力は、次の6つです」と言って、ホワイトボードに大きな字でゆっくりと次のように書くことにしています。

1. 聞く力
2. 話す力
3. 読む力
4. 書く力
5. 計算する力
6. 推論する力

これは、文部科学省がLDのチェックリストで使っている分類でもあります。

しかし、私がいつも強調するのは、この順番です。これは、文部科学省の報告書でも発達障害に関する他の文献でもあまり議論されていませんが、私はこの1から6までのナンバリングこそ最も重要ではないかと考えているのです。この順番は、人間にとって生きていくために重要な力が大切な順番で示されている。つまり一番最初にある「聞く力」こそ、人間にとって最も重要な力はであると私は考えているのです。

聴覚的短期記憶

今から「聞く力」の正体を明らかにしていきます。

「聞く力」と言ってもカウンセリングなどでいういわゆる「傾聴」ではありません。人の話に耳を傾け、よく聞くことができるか否かではなく、聴力検査で測る「聴力」のことでもありません。

「聞く力」の正体は、「記憶」です。

ここでいう記憶とは、たくさんの言葉を覚えておくことや、いったん覚えた単語を1カ月とか1年という長期にわたって覚えておくことを言っているのでもありません。

今、聞いた1つないし2つの単語、せいぜい文字数でいえば7、8文字といったものを20〜30秒覚えておく力を「聞く力」と言います。

たくさんの量を覚える力でもなければ、長い時間記憶する力でもありません。

人間が何かを覚える方法は大きく、3つあります。1つめは「見て覚える」、2つめは「聞いて覚える」、3つめは「体を動かして覚える」です。

見て覚えるのは視覚的記憶になります。3つの中で、最も効率のいい覚え方です。見るだけで覚えられるならこんな楽なことはありません。これが得意な方は、勉強がよくできると言われています。聞いて覚える。これが「聞く力」、すなわち聴覚的記憶です。体を使って覚えるのは、筋肉を動かして覚えているわけです。書いて英単語を覚える、車の運転や水泳を覚えるというのがこの覚え方になります。動作性の記憶と言います。一度覚えると忘れにくいのが動作性の記憶です。一度泳ぎを覚えると5、6年プールに入っていなくても何とか泳げたりします。

人間にとって聴覚的記憶、それも20~30秒という短時間の記憶「聴覚的短期記憶」がなぜ重要なのか。

それは、人間の活動の中核部分にコミュニケーション活動があるからです。人間は1人では生きていけない以上、お互いに意志を交換する必要があります。それは、ほぼ同時に大量の言葉を介することになります。

そして、発達障害のある方の多くが、学習において最も重要で基礎的な力である「聴覚的短期記憶」に課題があることが、長年実施されてきた知能検査の一つ、ウェクスラー検査の結果から分かってきました。

耳はよく聞こえているのに、耳から聞いたことを、ほんの20~30秒、覚えておくことができない方が多いということです。

たとえば、電話番号が典型的な例として挙げられます。電話帳で7桁の数字を覚えます。「245-0304」という電話番号だとすると、呪文のように「245の0304、245の0304、245の0304……」と唱えながら電話をかけます。そして、電話をかければすぐに忘れてしまいます。これがまさに短期記憶であり、発達障害のある方の多くが苦手です。

これに対して自分の家の電話番号は、いつでも思い出せます。これは長期記憶として大脳に貯蔵されている記憶です。すなわち、同じ記憶でも短期記憶と長期記憶は別物なのです。日常生活で頻繁に使うのは、短期記憶です。それも音声言語を使っての他人とのやり取りでは、聴覚的短期記憶がとても重要になります。

暗算も短期記憶の例です。実は、小学校低学年の算数は短期記憶を使うものがほとんどです。たとえば、「犬が3匹公園にいました。そこにもう2匹の犬が公園にやってきました。公園にいる犬は全部で何匹でしょう?」という質問を投げかけたとき、最初の3匹の3を覚えておいて2匹の2を加えます。最初の3が覚えられなければ、この計算を暗算ではできません。したがって、この問題を解けない場合、ただ単に短期記憶の弱さを抱えている可能性が高いのです。

その証拠にこの問題を文章で示したり、絵で描いてみたりしてから考えると、一気に解けるということがほとんどなのです。絵で描くということは、その絵を描いた紙や黒板が記憶を代行してくれるため、自分で覚える必要がありません。算数についての理解があれば3＋2＝5と簡単にやってのけられるというわけです。

エジソンやアインシュタインの例を出すまでもなく、小学校のとき算数ができなかった世界的な発明家や科学者は多くいます。皆さんの中にも算数は苦手だったが、中学校や高校の数学は好きだったという方が少なからずいるのではないでしょうか。中学校以降の数学は、図表やグラフに表し、それを手がかりにシステマティックに解いていく問題が大半を占めているからです。

数や図形の問題を視覚化して解くことを重視しているので、聴覚的短期記憶が弱くても、あまり関係のない形に自然に移行していたということです。

私は、長年数学の教師をしていました。そのとき、小学校を卒業してきた中学校1年生に次のように言っていました。

「算数より数学のほうが簡単だから、算数ができなかった者も恐れることはない」

生徒は半信半疑でしたが、この言葉にもきちんと根拠はあったのです。

愛着形成と発育

これまで、聴覚的短期記憶が、ものを学ぶ力としていかに大切かについて述べてきましたが、それは単純に学習という面だけではありません。

人間は生まれてすぐの赤ちゃんのとき、お母さんの語りかけに対してさまざまな反応をします。そして、お母さんはその反応に対してさらに語りかけ、並行してスキンシップが行われます。

聴覚的短期記憶の弱い赤ちゃんは、お母さんの語りかけを記憶できません。「ママよ」という語りかけに対して、「ママ」という言葉を記憶することで、赤ちゃんが「ママ」と返せるわけです。赤ちゃんの「ママ」という返しに、抱擁や微笑といった肯定的な表現をお母さんが赤ちゃんへ返すことで、「ママ」がお母さんを指す言葉だと理解できるわけです。

聴覚的短期記憶の弱い子どもは、お母さんの発する声の意味が分からないため、言語そのものを学ぶ力に大きな影響を及ぼすことになります。さらに、音声そのものの記憶が難しいということは、その優しい声のニュアンスをも記憶することが難しいと言えます。

お母さんというのは、自分の赤ちゃんに対して精一杯、優しく語りかけるものです。これは、人間の本能、いや人間以外も含めて動物の本能かもしれません。したがって、このお母さんの優しい声のトーンやニュアンスを記憶できないということは、その後のスキンシップや表情の読み取りに影響を及ぼしかねないのです。

お母さんの優しさの記憶が、人間に対する愛着の意識の基本となるのではないでしょうか。最終的には、お母さんの優しいイメージは曖昧なものとなり、人間に対する愛着意識も弱いものとなる可能性があります。

聴覚的短期記憶に課題がある場合、人間の発達にどのような影響を及ぼすのでしょう。『ライフサイクルからみた発達の基礎』（平山諭・鈴木隆男編著、ミネルヴァ書房）には次のようにあります。

「発達とは、個体が、自らをとりまく環境との間で相互作用を繰り返すことを通して、心身の構造や機能が連続的に、また漸進的に、分化・統合して、より有能に、より複雑に変化するプロセスと考える」

つまり、親とのスキンシップという相互作用によって、発達が促されるというわけです。そして、特に誕生後すぐの赤ちゃんは、お母さんとの間に強い情緒的つながりを学んでいます。この情緒的つながりが愛着です。誕生後すぐの赤ちゃんにとって、愛着の対象は、お母さんやお父さん、もしくは両親の代わりに直接赤ちゃんに話しかける人たちです。

私は、日本において近年、この愛着関係が希薄になってきているのではないかと感じています。なぜなら、その後の子どもの成長に伴う対人関係や社会性の発達という観点で子どもをとらえたとき、幼稚園児や小・中学生、高校生、大学生まで含めて人間関係に不安の傾向を示している若者が多く見受けられるからです。そしてその原因、すなわち他人に対して愛着関係に不安を感じる原因は、聴覚的短期記憶による養育者の語りかけの記憶量が少ない、または養育者の言葉が記憶に残らない状態で、やり取りを継続してしまったことにあるのではないかと考えています。

子どもは、成長するとともに愛着の対象を少しずつ拡大し、親や養育者以外の人たちとのかかわりを深く学んでいきます。しかし、愛着関係の対象を広げていくには、親や養育者との密な関係が、いわゆる安全基地となる必要があります。安全基地作りに失敗した場合、多くの他人との人間関係は不安に満ちたものであり、その子どもは幼児期以降に社会性に問題をきたす、つまり反社会性を示すようになるのです。

ここで重要な視点は、安全基地作りの失敗の原因が発達障害だけではないということです。原因を子どもの側に問えば、その子どもの発達障害、この場合は聴覚的短期記憶の弱さによるコミュニケーション障害です。

しかし、親の側に原因を問えば、養育態度ということになります。暴力などを受けた場合は、親や養育者が安全基地としての役割を果たしませんし、育児放棄も同様の結果を生みます。こうした例を愛着障害と言います。愛着障害については第四章で事例を挙げながら、発達障害との関係で詳しく解説します。

幼児期以降の落ち着きのなさや暴言、暴力など、問題を発達障害のせいにしては解決につながりません。乳幼児期の親や養育者との関係を探ることでしか解決が図れないというケースもたくさん見受けられるのです。

反社会性は早期発見でくいとめる

生まれ持った聴覚的短期記憶の弱さを強くすることはできません。したがって、早期に発見し、自己否定感が芽生える前に視覚支援等を行い、弱さを補っていく必要があります。

反社会性は、従来、非行・問題行動と言われてきた暴言や暴力、万引き、窃盗、反抗的態度として表に出てきます。周囲の不適切な対応が継続されれば、その人の性向は社会のルールや秩序を平気で乱す方向へと働き、反社会性は進行していきます。これは、社会性のつまずきが発端となって始まるものなのです。

社会性のつまずきとは、具体的には幼稚園や小・中学校、高等学校などの学校現場や学校以外での社会生活において、集団行動についていけない、友達をつくることができないという状態となることを指します。厳密に言えば社会的場面で適切な行動がとれないことによる、不適切状態ということになるのです。

聴覚的短期記憶が弱い子どもは、言語の発達に遅れを示す例が多くあります。幼児や小学校低学年児童の場合、保護者から「言語数が増えない」「人に分かるように話せない」「うまく発音できない」といった相談となって、教育相談などで学校の先生や我々専門家のところに上がってきます。このような言語のつまずきによって、保護者がわが子の発達障害に気づくこともよくあります。

しかし、小学校も低学年から高学年へと学年が進行するにつれて、言語のつまずきの相談は減っていきます。言語のつまずきが改善していく例も多く見受けられますが、問題なのは改善したわけではないにもかかわらず目立たなくなる場合です。この場合は、言語のつまずきから社会性のつまずきに移行していきます。

低学年から高学年にかけて、友人関係における言語の持つ意味は、幼児期に比べて飛躍的に増大していきます。好きな遊び・テレビ番組、嫌いな先生、怖い先生などの日常生活の情報交換や遊ぶ約束をするといった、友人関係の成立および維持に欠かせないツールは言語です。言語につまずきがあるということは、このような友人関係を成り立たせる手段に弱さがあるだけでなく、年齢が上がるにしたがって社会性の発達という面で周りの子どもたちとの差は開いていきます。自分の思いを相手に伝えられないもどかしさや友人の気持ちをうまくキャッチできない歯がゆさを抱えながら生きていくことになります。

つらく切ない思いを重ねていく中で、自信がなく不安感の強い子どもとなってしまいます。この不安は小さくなることはありません。むしろ大きくなっていきます。これを私は「不安の増大化」と呼んでいます。そして、不安が暴力を生み出すのです。

中には、暴力的にしか友達とかかわることができない子どももいます。これは、暴力的にかかわることでその子どもが相手をしてくれたり、周りの大人が反応してくれたりすることが強化刺激（行動の自発的な頻度が高まるような刺激）となり、増長していった例と考えられます。そして、結果的にその子どもにとっての最も有効なコミュニケーションツールが暴力となってしまったのです。

親にもよく怒られますし、学校では先生にも怒られます。

学級委員に注意されてしまいます。

「Aちゃんが、今日も掃除をサボっています」と非難されることもあります。

しかし、ここで考えてもらいたいのが、本当にAちゃんは、掃除をサボっているのでしょうか。Aちゃんは、聴覚的短期記憶の弱さがあり、今が掃除時間ということが伝わってないだけかもしれません。今までにほうきの使い方、ぞうきんの絞り方などの説明が耳に入らなかっただけかもしれません。サボっているのではなく、どうしていいのか分からないだけの可能性も高いのです。もちろん、学級委員に罪はありません。そうじを全員でやらなければいけないという使命感に満ちた発言です。学級委員に「聴覚的短期記憶」という知識はないのですから。せめて先生方や親にこの知識があったならば、Aちゃんは、そうじをきちんとする子どもになっていたかもしれないのです。

誰しも思いを伝えられなかったり、相手の言っていることが分からなかったりするときに、反社会性が芽を出します。そのような時に「うるさい」「俺にかまうな」「どうせ私はバカだから」「勝手にしろ」「関係ないでしょ」なんていう言葉を発したことがあるはずです。

重要なのは、「聞く力」が弱い人に手を差し伸べながらコミュニケーションをとることです。メモを渡したり、図に描いたりする視覚支援が無理ならば、何度もゆっくりと優しく語りかけるだけでいいのです。できるだけ子どもが小さいうちから行うことで効果が上がります。早期発見・早期対応が反社会性をくいとめる唯一の手段と言えるでしょう。

「聞く力」は、生まれつき抱えている脳の機能の問題なので、現段階では、発見は発語以後ということになります。したがって、「聞く力」の弱い人に言語の遅れが出ないようにするのは難しいかもしれません。しかし、言語能力というのは生涯にわたって発達するものです。早期発見・早期対応によりできるだけ早い段階で周囲に追いつくことが重要であり、さらに言えば、追い越すことも十分に可能なのです。

第二章　追い詰められる母親たちと

誰も助けてくれない

父親が子育てに参加することが多くなってはきていますが、日本ではまだまだ母親が子育てをするという意識が強いようです。そのため、発達障害の症状が出ると、周りからの批判は母親に向かいます。本来ならば一緒に手を取り合わなければならない夫や姑などが発達障害に理解のない場合は、「お前の躾が悪いからだ」となじられることも少なくありません。

しかし前述した通り、発達障害は先天性のものであり、母親の躾が悪くて発症するものではありません。そのことすらもあまり知られていないのが現状です。

私のところへは、悩みを抱えた母親たちが多く相談に訪れます。43歳になる青木良子さんもその一人でした。

彼女は子どもの教育方法に悩み、当時私が勤務していた学校に突然来られました。事前の予約も何もありませんでした。その日の朝、中国新聞に掲載されていた私の講演要旨「聞く力と発達障害」を読んで思わずタクシーに乗り込み、新聞に書かれていた広島特別支援学校へ行ってくれと飛んで来られたのです。

彼女には、2人子どもがいて、長男の明くんがアスペルガー症候群だというのです。

青木良子さんは、地元広島市にある大学を卒業してすぐに小学校の先生になりました。まじめな方なので、公私分けることなく教職に身を捧げていました。休日は、生徒との交換日記を丁寧に読み、返事を書くような生活だったと言います。仕事に熱中していて結婚については考えていなかったそうですが、20代を終える頃、親戚がある縁談を持ってきたそうです。親をはじめ親戚中が勧めるまま見合いし、すぐに結婚。ちょうど30歳になったときだったと言います。

結婚してすぐに妊娠をして男の子を出産しました。この子が明くんです。1カ月近くの早産でした。2000gほどの低出生体重児として明くんは生まれました。

抱っこを嫌がる、母親をはじめ父親、祖父、祖母の呼びかけにもあまり反応しない、目も合わせないし、あまり笑うこともない赤ちゃんだったそうです。かわいいと思ったことがほとんどなく、子育ては難しかったそうです。夜、小さい音でもぴくっと反応して起きてしまい、そこからは寝ません。本当に大変だったそうです。

勤務している小学校には、約1年半の育児休暇の後、復帰しました。明くんを保育所に預けての勤務でした。

明くんが4歳になり年少のクラスに入ったときにベテランの保育士さんから、「明くんは、集団に入って遊ぶのが苦手なようです。1人で何時間もミニカーを同じ方向に同じ色の順に並べて遊んでいます。こちらとしても一生懸命にあの手この手で集団での遊びに誘うのですが、なかなかみんなの中に入れないようです」と言われました。

悩んだ良子さんは、市役所の障害者福祉の相談窓口に行きます。そして、相談員の助言を受けて公立の病院の児童精神科を受診します。そこで、アスペルガー症候群の診断を受けました。アスペルガー症候群は、前章でも解説していますが、発達障害の一つです。言語能力や知的な発達に遅れはないものの、自分の興味やパターン化した行動に必要以上に固執する。他人の気持ちや意図が読み取れないなど対人関係に障害が現れます。

診断を受けた当初は、明くんの問題が自分の子育てのせいではなかったという一種の安堵感を持ったそうです。しかし、それはすぐに将来に対する不安に変わっていきました。

今思い返しても、保育園の年少ぐらいからの子育ては大変だったと言います。夜は、なかなか寝てくれません。自分の好きなミニカーで1人、夜中まで遊んでいます。一つでもミニカーがなくなるとパニックを起こして家中を荒らしまわります。それでも、寝かせようと思って夜の9時頃にミニカーを取り上げて怒ろうものなら、かんしゃくを起こして大声で叫ぶように泣きじゃくったそうです。マンション住まいなので近所迷惑にならないかといつもひやひやしていたと言います。明くんがあまりにも泣きじゃくるので、近所の人が虐待ではないかと警察に通報したこともありました。こうして、明くんと向き合うことに疲れ果てていくことになります。

ご主人は、コンピュータ会社に勤めていました。帰りはいつも遅く、「子どものことはお前に任せているから」と、子育てには無関心でした。夫婦間では、子どものことでけんかが絶えませんでした。そのうち、ご主人は家に帰らなくなり、離婚届が送られてきます。良子さんは、私に言いました。

「男はいつも逃げてばっかり」

発達障害やアスペルガー症候群についての学習もしたそうです。知れば知るほど周りの無理解や心ない発言に心が折れる経験を何度もしたそうです。

そこで分かったことは、「世の中の人は、心配はたくさんしてくれるが、自分に代わっては何もしてはくれない。ただ無責任に心配してくれて、さも自分たちはいい人なんだという顔をしている人がほとんどだ」ということでした。

明くんは、保育園の年中組に進級します。

4月、教室の位置も担任の先生も代わりました。明くんは初日、教室に入れませんでした。園庭のシーソーの陰で、帰る時間まで隠れていたそうです。新しい担任の先生の言葉がけにも反応せずに、大きな声で泣くばかりでした。保育園としてもどうしていいのか分からず、母親である良子さんに協力を求めてきました。

良子さんは、小学校の先生として働き始めていたので、なかなか職場である小学校を抜けることができません。しかし、保育園から呼び出されるたびに勤務先の校長、教頭、周りの先生方に頼み込んで抜けてくるようにしていました。こうした中で、疲れ果てた良子さんは、うつになり小学校を辞職します。良子さんが35歳のときでした。

このとき、本気で子どもと一緒に死のうと思ったそうです。しかし、自分の母親や自分の兄弟などの援助を受けながらなんとか立ち直ります。

そして、生活保護を受けながら2人の子どもを育てる中、「子どものために頑張ってみよう」と子どもへの依存を強くしていきました。子どもに依存することで自分の存在を確かめているようでもあります。

明くんは、ますます育てにくくなっていき、運動会やダンスの発表会といった行事のたびに、保育園だけでなく、家庭での暴れ方もひどくなっていきました。日頃と違う行事は明くんにとって想像以上のストレスだったのです。

たいへんな思いをしながら明くんは小学校へ入学します。

知的な遅れはないことから通常の学級で小学校の生活はスタートしました。この頃から良子さんはさらに熱心にアスペルガー症候群や発達障害についての学習を進め、学校に対する要求もエスカレートしていきました。自分しか明くんを守れないという強い気持ちと、明くんのために自分は生きているという明くんへの依存傾向が進んでいったのでしょう。

担任の先生や校長先生に対して月に1回のペースで相談に行き、約2時間にわたって自分の思いを伝え、明くんへの対応について「特性に応じた配慮」をお願いするというパターンが繰り返されました。

「今思えば、クレーマーとかモンスターペアレントと思われていたかもしれません」と良子さんは言います。

明くんやその母親である良子さんが原因かどうかは分かりませんが、明くんの担任の先生は毎年代わりました。年度によっては途中で交代するということもあったようです。代わるたびに、明くんの特性と配慮事項を学校に説明に行ったそうです。

そんな努力がようやく実ったのか、明くんの小学校生活は、学年が上がるにつれて落ち着いてきているようでした。しかし、小学校5年生の3学期、1月の中頃から登校したくないという登校しぶりを見せるようになります。そして、小学校6年生の4月から不登校になりました。この頃、明くんの妹も保健室登校となり教室に行けなくなりました。妹は、11時頃学校へ行き、保健室で1人給食を食べて1時頃には帰宅という生活をしているということでした。

相談を受けた時期が9月でしたから、このような状態になって半年以上経っているということになります。

良子さんは言います。この状態が続けば続くほど、暗くて深いトンネルに親子3人が落ち込んでいくようでどうしようもない不安感に24時間覆われている感じがする。

周りの人は、「大丈夫？」と心配はしてくれます。声をかけてくれる人もたくさんいます。

しかし、実際に手を差し伸べてくれる人はいません。

そして、結局は良子さんが責められ、「あなたが頑張らないとだめでしょう」という顔や言葉を向けてくるのだそうです。

言葉だけの優しさはいらない。

自分を否定しないで。

誰か助けて、誰か自分の味方になって。

これが、良子さんの心の声です。

孤独感をやわらげる特効薬のようなものはありません。自分で日頃から孤独感に押しつぶされないよう、予防していくしかありません。精神科医のジェラルド・カプラン（Gerald Caplan）は、地域の人々の精神的健康を保持するために、次の3段階の予防的介入を提唱しています。

第一次予防が「啓発活動」、第二次予防が「早期発見と早期介入」、第三次予防が「再発予防」です。正体の見えない相手と向き合うことは、何よりの精神的な負担となります。まずは、発達障害の知識を日頃から持つことです。そして、わが子に対して、早期発見、早期治療を試みてください。自分だけでなく、他人の力を借りて解決策を講じることが孤独感を解消してくれることでしょう。

また、孤独感から立ち直った場合でも、油断することなく再発予防には気を配り、私たち専門家に生活や教育の支援について積極的に相談するようにしてください。自分がうつだと疑われる場合は、専門医の治療を早く受けるなどの手立てを講じることが肝要です。

孤独感は早めに解消しておかないと、子どもへの虐待や心中といった悲惨な結果を呼び込む大きな原因となってしまいます。

母親を襲う子育てのプレッシャー

日本における晩婚化と少子化の進行が止まりません。近所で子どもたちが遊んでいる姿を見かけることも少なくなっているように感じます。

親が育てる子どもの数が減ったことにより、今の日本では、一人の赤ちゃんへの期待が以前とは比べものにならないほど高いものとなっています。そのため、世の中の母親は子育てにおいて完璧を目指そうと、プレッシャーを抱えているように見えます。

私は、幼児から高校生までの子どもを持つ母親からの相談を受けることが多くありますが、最近の彼女たちを見ていると非常に気の毒に思えてなりません。

昔は医療技術の低さや生育環境の悪さといった問題のために、命を落とす赤ちゃんや幼い子どもたちがたくさんいました。今でも、アフリカ諸国や東南アジア諸国の貧しい国々では同様の環境であると言えますが、かつては日本もそうだったのです。

しかし、現代の日本においては、医学の進歩により出産時において生きるか死ぬかといった問題はほぼ解決されていると言えます。そして、子どもに向けられる大人の視線は、元気であればそれでいいといったものではなく、いかに優秀な子どもであるかという方向に変わってきています。

そして、子育てに関する情報も氾濫しています。インターネットや地域の情報誌は、塾や母親教室などの子育て情報でいっぱいです。ここまで情報が溢れていると、何が正しい情報で、何が間違っているのかの判断は難しい状況と言えるでしょう。本書のテーマであり、私の専門である発達障害をめぐる今の動きなどは、まさに情報過多の状況です。15年ぐらい前の書店には、自閉症、ＬＤ、ＡＤＨＤなど発達障害に関する書籍はあまり見かけませんでした。

今はどうでしょう。教育関係の棚や心理学関係の棚にはたくさん並んでいます。すべて同じような書名の本です。どの本を選んでいいのか分からないのも無理はありません。こうなってくると学校の先生方も保護者の方々も、情報の整理のつかないまま、子どもと向き合わざるを得ないのではないでしょうか。

現在、「子どもをよく見て育てる」ということが、「他の子どもと比較して発語の時期や運動能力、対人関係能力などの欠点を見つける」ことになっているように感じます。

「子どもをよく見て育てる」ことのもともとの意味は、「子どもを見守ること」だったのではないでしょうか。「子どもをゆっくりと待ってあげる」ことだったはずです。子どもを見守り、ゆっくり待ってあげるからこそ、そこには、母親の温かいまなざしが生まれるのです。他との比較による欠点の発見では温かいまなざしなど生まれるはずはありません。そこに生まれるのは、この子はダメだという鋭い淘汰の視線です。実際に子どもを捨てるという行為に及ばなくても、心理的に捨ててしまうということが起きかねません。

現在の日本は、経済においても教育においても格差が広がっていっています。格差が広がっていくほど、自分の子どもは優秀に育てなければという意識も強くなっていくのです。

このような社会環境は、虐待などを例に挙げるまでもなく、母と子の絆を断ちやすい状況と言えます。特に発達障害のある子どもは、虐待を受けやすかったり、育てにくかったりという意味でそのようなリスクの高い子どもたちです。

私は子育てにおけるキーワードは「多様性（diversity）」だと考えています。この原稿を書いている2014年2月にロシアのソチで冬季オリンピックが開催されました。開会式での入場行進を見ていると、身長、体重、肌の色はもとより、言語、文化、考え方、収入など、人間には「違い（difference）」があって当たり前であることが改めてよく分かります。

「違い」は時としていじめや格差、そして差別を生みますが、「違い」が当たり前である以上、それを認め、尊重することでしか明るい未来は築けないのではないでしょうか。

発達障害も多様性の一つであり、悪いところだけでなく、良いところも見ながら本人も周りの人も丸ごと発達障害を受け入れるような文化をつくることこそ、私たちが今、チャレンジすべきことであると考えています。

そのためにまずは、発達障害である本人が自分のことをしっかりと認識することが大切です。子どもだけの話ではありません。発達障害は遺伝も大きくかかわってきますので、子どもが発達障害の場合は、親も十分にその可能性があります。

しかし、発達障害とは何かを知らず、知っていても子どもや自分は違うと悪戦苦闘している保護者の方がたくさんいます。

子どもだけでなく、親のほうも自分の発達障害の特性を早期に自覚することが重要です。発見と自覚により対応が始まります。対応すればなんら恐れることはありません。堂々と胸を張って明るい未来に向かっていけるのです。

そして、まだまだ完璧とは言わないまでも、現状においても発達障害に対する支援体制は少なからずあります。周りの支援を受けながら、解決をする方法を探していってください。

支障があることを知らずに「うちの子には（自分には）未来なんてない」と必要以上に悲嘆にくれている方も多くいます。

特に、日本における発達障害を抱えた人の助けになる就学システムについての知識を持っている方が少ないようです。それを利用すれば、子どもにあった学習を受けさせることも可能です。そこで、ここからは子育てにおける重要な知識として「日本における発達障害を抱えた子どもたちの就学システム」について分かりやすく解説していきたいと思います。

子どもの将来の鍵を握る就学指導

私は以前に、広島市教育委員会学校教育部というところで主任指導主事をしていました。担当分野は特別支援教育です。発達障害の子どものいる学校に先生を配置したり、車椅子の子どものいる学校に階段昇降機を配備したりといった、さまざまな仕事を担当していましたが、その中でも印象に残っているのが「就学指導」というものです。

教育委員会に入る前は教師をしていたのですが、この「就学指導」というのは教師には見えにくい仕事で、最初は何をどうすればいいのか全く分からない状況でした。

先生の配置や階段昇降機の配備などは目に見えてよく分かる仕事ですが、「就学指導」というのは、子どもが学校に入る前の仕事なので、学校側から見たときによく分からないことなのです。したがって、親にもよく分かりません。校長先生方の中にも十分に理解していない方もいて、指導主事時代に就学指導について説明するためによく学校に出かけていっていました。

しかし、「就学指導」は非常に重要な役割です。子どもの将来の鍵を握るといってもいいかもしれません。なにせ、子どもがどこのどんな学校に入学するかを決めるわけです。「あなたのお子さんは小学校の通常の学級に入るのがいいですよ」「特別支援学級に入ったほうがいいですよ」「特別支援学校に入学すべきです」といったことを指導するのですから、とても重要なことなのです。子どもに発達障害がある場合はなおさらです。

小学生ぐらいのお子さんがいる方は経験があるでしょう。小学校入学の前の1月下旬頃、教育委員会から「入学通知書」が届きます。

これは住民基本台帳などに基づき、入学する年の前年度の10月1日時点での情報で作成されるものです。厳密に言うと、4月2日から翌年の4月1日の間に6歳の誕生日を迎える子どもが対象となります。一般的には就学時健康診断のお知らせと一緒に送られてきます。大抵は入学式の日時や場所、就学すべき小学校についての通知が同封されています。

ここで「就学すべき小学校」という微妙な言い方をしたのは、そこに書いてある小学校に入学したくないケースにおいては、実際に入学する小学校の変更が利く場合があるからです。小学校の校長先生に会ってみたらどうも印象がよくないということだってあるでしょう。この学校には絶対に入学させたくない場合、学区変更の申し立てを教育委員会にすることになります。正当な理由があれば変更可能です。正当な理由については、事前に研究して申し立てるのがいいでしょう。

ただし、発達障害のある子にとって、どの学校に行くかというのは非常に重要です。子どもが自らそれを選ぶことはできないので、親や周りの大人が適切な学校を選ばなければなりません。そのための制度が「就学指導」という制度です。したがって、「就学指導」について理解するためには、まず発達障害のある子どもに合わせ、どのような学校や学級が用意されているのかを理解する必要があります。

保護者の中には、地元の小学校で友達とかかわりながら社会性を身につけさせたいとこだわる方がいます。しかし、進路としては、もう一つ特別支援学校もあります。これは各地域にあるわけではなく、広いエリアから生徒が集まり、スクールバスなどで通学しています。そのため、特別支援学校に対して、隔離された施設のようなイメージを抱いている方も多くいます。しかし特別支援学校は、少人数で個々に応じた指導を行う学校です。当然、社会性についても重視して指導を行っています。

大切なのは子どもの実態です。

その実態を把握して、最も適した学校を選ぶ手助けをするのが就学指導です。

就学指導では、検査や学校見学などを行いながら、きめ細かに保護者に情報提供がなされます。子どもの真の姿に向き合う絶好の機会ともなると言えるのです。

学校を選べばマンツーマンの教育だって受けられる

まず特別支援学校での教育も含む、わが国の障害を抱えた人たちへの教育である特別支援教育のシステム、特別に配慮のいる児童生徒が学ぶ学校の制度について説明します。発達障害を抱えた子どもたちが学ぶ場所は、小学校や中学校の通常の学級だけではありません。いくつかのオプションが用意されています。

次の図をご覧ください。これは、文部科学省のホームページにある「特別支援教育の対象の概念図（義務教育段階）」を参照に制作したものです。

発達障害のある子どもを対象とした教育として、わが国では特別支援教育がありますが、正確には特別支援教育は、発達障害も含め障害のあるすべての子どもを対象としているものです。「特別支援教育」は障害のある子ども一人ひとりの教育的ニーズに応じた支援を行うことに重点を置き、小・中学校の通常の学級に在籍する発達障害などのある子どもも含め、より多くの子どもたちの可能性を最大限に伸ばし、生活や学習上の困難を克服するための支援や指導を行うことであると、文部科学省は２００７年発行のパンフレット「特別支援教育」の中で言っています。

特別支援教育は、２本立てで構成されています。一つは特別支援学校に入学するという選択です。もう一つは、いわゆる通常の学校である幼稚園、小・中学校、高等学校に入学するとい

特別支援教育の対象の概念図（義務教育段階）

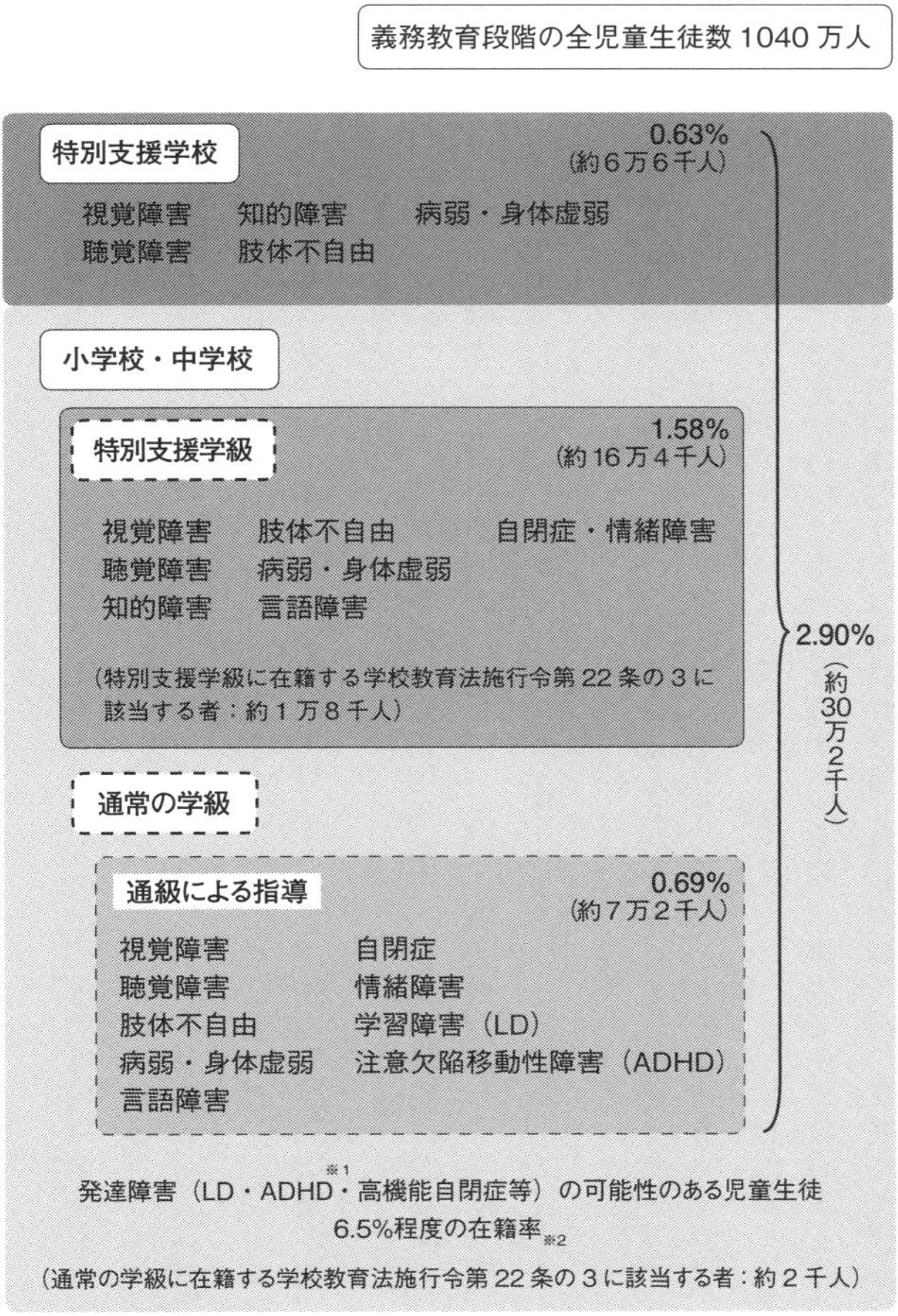
義務教育段階の全児童生徒数 1040 万人
特別支援学校
0.63%
（約 6 万 6 千人）
視覚障害　知的障害　病弱・身体虚弱
聴覚障害　肢体不自由
小学校・中学校
特別支援学級
1.58%
（約 16 万 4 千人）
視覚障害　肢体不自由　自閉症・情緒障害
聴覚障害　病弱・身体虚弱
知的障害　言語障害
（特別支援学級に在籍する学校教育法施行令第 22 条の 3 に該当する者：約 1 万 8 千人）
通常の学級
通級による指導
0.69%
（約 7 万 2 千人）
視覚障害　自閉症
聴覚障害　情緒障害
肢体不自由　学習障害（LD）
病弱・身体虚弱　注意欠陥多動性障害（ADHD）
言語障害
2.90%
（約 30 万 2 千人）
発達障害（LD・ADHD※1・高機能自閉症等）の可能性のある児童生徒
6.5%程度の在籍率※2
（通常の学級に在籍する学校教育法施行令第 22 条の 3 に該当する者：約 2 千人）

う選択です。

特別支援学校とは、障害の程度が比較的重い子どもを対象として、専門性の高い教育を行う学校です。幼稚園から高等学校に相当する年齢段階の教育を特別支援学校の幼稚部、小学部、中学部、高等部でそれぞれ行います。

ただし、すべての特別支援学校に幼稚部から高等部までがそろっているわけではありません。小学部・中学部だけの特別支援学校、小学部・中学部・高等部の3部構成の特別支援学校、高等部だけの高等特別支援学校などもあります。

高等部は普通科がその中心ですが、近年になり軽度の知的障害の生徒を対象にした職業科を設置したり、普通科の中に職業コースを設置したりして、高度な職業教育を行う特別支援学校も増えてきています。これらはすべて一般就労を目指すものであり、一定の成果を出していま す。

発達障害を抱えたこどもたちの最大の目的は、職業的な自立にあると私は考えています。そのためには、高等学校段階が、職業と密接に結びつけた教育を行う上で最も効果的な時期になります。対人関係や社会性などに弱さを持っているならなおさらです。高等学校段階での職業教育で実際の職業に近い形で学び、自信を持って就職することが、途中でやめないことにつながります。したがって、発達障害のある子どもを持つ親は、特別支援学校の職業科や職業コースを進学先の候補として知っておいてほしいと思います。

特別支援学校は従来、視覚障害対象の盲学校、聴覚障害対象の聾《ろう》学校、知的障害対象の養護学校、肢体不自由対象の養護学校、病弱・身体虚弱対象の養護学校に分かれていました。それが、２００７年４月から、複数の障害種を対象とする特別支援学校に一本化されました。しかし、たとえ障害があっても近くにある特別支援学校に入学できるかどうかは調べてみないと分かりません。現段階では、募集要項に障害の種別を限定している学校もあります。将来的にはすべての障害を受け入れることを想定し、障害種別にとらわれない特別支援学校を目指しているのかもしれませんが、まだまだ時間がかかると思われます。もっとも、視覚障害の場合でも、知的障害を併せ持っていれば知的障害者を対象としている学校に入学できることがあります。したがって、一概にあきらめないでください。もし、入学の希望があれば可能性を探ってみることが重要です。

一方、一般の小・中学校には特別支援学級が設置されています。法律上では以前、特殊学級といわれていた学級で、地域や学校によっては、「ひまわり学級」や「養護学級」と言われていました。

この学級は、障害の種別ごとに行われている少人数学級で、障害のある子ども一人ひとりに応じた教育を行います。知的障害、肢体不自由、病弱・身体虚弱、弱視、難聴、言語障害、自閉症・情緒障害の7種類の学級があり、法律上は1学級8人ですが、1人だけの学級や2、3人の学級など地域によって異なります。特に1人だけの学級を「1人学級」と言い、教師とマンツーマンの教育が行われています。

お子さんのために新たに1人学級を作ってほしいと要求しても、予算などの関係もあり教育委員会はほぼ開設しないと考えられますが、さまざまな特別支援学級を見てきた経験上では、「1人学級」も多く存在しているようです。もし、マンツーマンの教育が受けたければ、調べてみる価値はありそうです。

しかし、実は教師こそ最大の教育条件であり、教室の人数はポイントではありません。指導力不足の先生が担当するマンツーマンの学級は、とても問題が発生しやすいと言えます。それを踏まえてわが子の学校・学級選択を行ってほしいと思います。

指導力不足の先生の見分け方を知りたいという保護者は多いと思います。地域の評判や発達障害を抱えた親たちが集まる親の会などで情報を集めることも大切ですが、ぜひ自分の目で確かめて正確な情報をつかむようにしてください。文部科学省は2008年2月8日に「指導が不適切な教員に対する人事管理システムのガイドライン」を出しています。

それによると「指導が不適切である」先生というのは、次のように定義されています。

「①教科に関する専門的知識、技術等が不足しているため、学習指導を適切に行うことができない場合（教える内容に誤りが多かったり、児童等の質問に正確に答え得ることができない等）②指導方法が不適切であるため、学習指導を適切に行うことができない場合（ほとんど授業内容を板書するだけで、児童等の質問を受け付けない等）③児童等の心を理解する能力や意欲に欠け、学級経営や生徒指導を適切に行うことができない場合（児童等の意見を全く聞かず、対話もしないなど、児童等とのコミュニケーションをとろうとしない等）」

「開かれた学校」をキーワードに各学校は、授業や行事を地域の方々に公開しています。そのような機会を利用して、実際に自分の目で見ることが大切です。ポイントは、ただ漠然と見るのではなく、この①②③の観点から見ることです。

いずれにせよ、特別支援学級とは小・中学校に少人数で手厚い教育を受けられるように設置された学級なのです。どの小・中学校にも前述した7種類の特別支援学級がすべて設置されているわけではありません。特別支援学級のない学校もたくさんありますし、知的障害を対象とした特別支援学級のみを設置しているケースなどさまざまです。高等学校にも法律上は特別支援学級の設置は可能ですが、1学級も設置されていません。

それでは、高等学校に入学できない生徒や発達障害があるために、集団への適応が困難で途中で退学してしまった生徒はどうしているのでしょうか。

多くの生徒が通信制の高等学校に通っています。もちろん、発達障害のある生徒ばかりが通っているわけではありません。通学や経済的な理由などさまざまな条件の中、働きながら通うという生徒もたくさんいます。私は、広島にある通信制の高等学校にも時々訪問したり、広島市立の中学校で行われている進路指導への助言として、教師が生徒に紹介している実態を見たりしていますが、通信制の高等学校が、発達障害のある生徒の受け皿となっているように感じています。

通信制高等学校のシステムは、発達障害のある生徒には比較的適しているものです。学習は、年間約50本のレポート提出と年間約30日のスクーリングと単位認定のテストから成り立っています。レポートは教科書に基づいた内容です。

通信制高等学校といってもいろいろな学校があるので、自分に合った高等学校に入学することが大切です。毎日登校できる学校もありますし、週1、2日のスクーリングをしている学校、集中的に1週間のスクーリングという形をとっている学校といろいろあります。

いずれにせよ、単位制をとっているので留年はありません。所定の年数で単位を取りさえすれば卒業できます。

しかし、自分1人で教材を読みレポートを書いて提出する学習が基本であり、実際は卒業するまで継続するのは難しい面もありますが、この学習形態が向いている生徒も発達障害のある生徒には多くいます。科目ごとに単位数は決められていて74単位を取れば高校卒業となり、大学へも進学できます。今や定員割れの大学も多くあります。私は、要は自分が学びたい分野であれば定員割れの大学であろうが東京大学であろうが学生の気持ちしだいで能力は伸ばせると思います。

自分の学びたい学問を学べる入学可能な大学を見つければいいのです。

私が見ていた高機能自閉症のある男子学生は、公立高校を中退し、通信制高等学校に転校して、競争率0・8倍のある大学で英語学を学びました。機械に強いその生徒は、現在は機械関係のマニュアル専門の翻訳家として活躍しています。

2012年12月1日現在、全国の通信制高等学校に学んでいる生徒は約19万人で、公立と私立の内訳は、私立が約58％です。私立の通信制高等学校の中には、発達障害のある生徒を積極的に受け入れることを募集要項などで強調している学校も数校あります。

通信制高等学校に自分だけの力でレポートを提出したりして学習をするのが難しい場合には、通信制高等学校サポート校というものがあります。通信制高等学校に在籍する生徒が最低3年間で卒業できるように、学習や生活を支援する民間の教育機関です。このサポート校には、連携協力している通信制の高等学校があり、サポート校の指導を受けていけば、順調に連携先の通信制の高等学校を卒業できるようになっています。

私の活動拠点である広島市だけでも「トライ式高等学院」「ＫＴＣ中央高等学院」「第一高等

学院」「広島自由学院」「悠学館」「代々木アニメーション学院高等学部」などがあります。

約100万人が暮らす地方都市でこのような数のサポート校があるわけですから日本全国津々浦々に相当数のサポート校があります。実際にインターネットで「サポート校」と検索すればたくさん見つかることでしょう。

現在の高等学校でうまくいかないケースでは、サポート校も含めて通信制高等学校は一つの選択肢と言えると思います。

これ以外にも技能連携校、高等専修学校、定時制高等学校が考えられます。特に、定時制高等学校というのは、昼間定時制高等学校という昼間に通学するものもあるのです。

現在は「学びの形」も多様化してきています。調べれば必ず可能性が発見できるはずです。

私は、できるものならば大学や大学院まで行ってほしいと思っています。大学卒業後の50年以上にわたる人生にとって、必ず役に立つものだからです。

発達障害を抱えていると、学ぶ力はあっても、ただ、意欲をなくしやすい性質だったり、対人関係が苦手だったりといった症状が邪魔をして、学びの集団から逃避してしまう傾向があります。そのことを自覚して、支援者や支援機関に頼りながら何とか学び続けてほしいと願っています。

小・中学校の特別支援学級に話を戻しましょう。

小・中学校には、特別支援学級のほかにも通級指導教室を設置している学校があります。この通級指導教室というのは、通常の学級に在籍し、ほとんどの授業を通常の学級で受けながら、障害の状態に応じた特別な指導を週に1〜8時間受けるという制度です。対象の障害種としては、言語障害、自閉症・情緒障害、弱視、難聴、LD、ADHD、肢体不自由、病弱・身体虚弱があります。「言葉の教室」と呼んでいる言語障害の通級指導教室など、学校や地域によって障害種ごとにいろいろな呼び名があります。通級指導教室も、どこの学校にでもあるわけではありません。

むしろ、通級指導教室のない学校がほとんどと言っていいでしょう。

特別支援学校、特別支援学級、通級指導教室について、2013年6月に文部科学省が発表した「特別支援教育資料（平成24年度）」を基に次の1〜5の表を作成してみました。

この95ページの表によると通級指導教室で指導を受けている者は、全体の0・5%にすぎません。受けたくても受けることのできない児童生徒が多数存在しているのも事実です。

通級指導教室の設置状況は、その地域が特別支援教育に本気で取り組んでいるかどうかのバロメーターになると私は考えています。現状では、十分に通級指導教室が設置されているとは言えません。今後、設置校が日本中に増えることを期待しています。

ここで、⑶特別支援学級1学級あたりの児童生徒数の表（94ページ）をご覧ください。

1学級あたりの人数はどの学級も平均4人を下回っています。これは平均なので当然法律に定められた最大人数8人の学級もあるでしょうが、1人学級、すなわち先生と児童生徒がマンツーマンの学級もかなり存在するのです。たとえ1学級の人数が最大8人ないし5人以上でも、担任の先生以外に補助の先生が配置される例もたくさんあります。補助の先生を配置するかどうかは管轄の教育委員会が判断することになります。その場合、在籍している子どももそれぞれが排泄や移動、学習などを行う上で自立しているかどうかを見て、介助が必要なときに、予算を配慮して配置することになります。この場合、補助する先生は教員免許所持者だったり、教員免許を持っていないボランティアだったりします。地域によって介助員とか指導員など呼び名はさまざまですが、もしお子さんが入学する場合などは、調べてみてはいかがでしょうか。

学校に配置するかどうかを問い合わせてもかまいません。しかし、権限は教育委員会にあり、市町村の教育委員会に同時に問い合わせると、より正確な情報や指導員配置の考え方についても説明を受けることもできます。

特別支援学級や通級指導教室があるものの、人数として圧倒的に多くの子どもは通常の学級に在籍しています。

通常の学級の場合、担任の先生の配置については国の法律があります。法律の名前は、小・

（1）特別支援学校数・学級数・在籍幼児児童生徒数

	学校数	学級数	在籍幼児児童生徒数
視覚障害	87 学校	2,241 学級	5,894 人
聴覚障害	120 学校	2,787 学級	8,533 人
知的障害	681 学校	27,754 学級	115,355 人
肢体不自由	324 学校	11,986 学級	32,007 人
病弱	139 学校	7,127 学級	19,190 人

この表の学級数及び在学者数は、特別支援学級で設置されている学級を基準に分類したものである。複数の障害種を対象としている学校・学級、また、複数の障害を併せ有する幼児児童生徒については、それぞれ障害種ごとに重複してカウントしている。

（2）特別支援学級数、特別支援学級在籍児童生徒数、担当教員数及び特別支援学級設置学校数

障害種別	小学校		中学校		合計	
	学級数	児童数	学級数	生徒数	学級数	児童生徒数
知的障害	学級 15,633	人 57,565	学級 7,765	人 29,395	学級 23,428	人 86,960
肢体不自由	1,927	3,226	738	1,148	2,665	4,374
病弱・ 身体虚弱	927	1,693	398	704	1,325	2,397
弱視	265	322	75	95	340	417
難聴	585	944	243	385	828	1,329
言語障害	450	1,454	83	114	533	1,568
自閉症 情緒障害	12,956	48,757	5,568	18,626	18,524	67,383
総計	32,773	113,961	14,870	50,467	47,643	164,428
担当教員数	35,047 人		16,211 人		51,258 人	
設置学校数	15,747 校		7,562 校		23,309 校	

中等教育学校の特別支援学級は無し。情緒障害者を対象とする特別支援学級については、「『情緒障害者』を対象とする特別支援学級の名称について」（平成 21 年２月３日付文科初第 1167 号　文部科学省初等中等教育局長通知）において、「自閉症・情緒障害」と改称。

(3) 特別支援学級１学級あたりの児童生徒数

障害種別	小学校 １学級あたりの児童数	中学校 １学級あたりの生徒数	合計 １学級あたりの児童生徒数
知的障害	3.68 人	3.79 人	3.71 人
肢体不自由	1.67 人	1.56 人	1.64 人
病弱・身体虚弱	1.83 人	1.77 人	1.81 人
弱視	1.22 人	1.27 人	1.23 人
難聴	1.61 人	1.58 人	1.61 人
言語障害	3.23 人	1.37 人	2.94 人
自閉症・情緒障害	3.76 人	3.35 人	3.64 人
総計	3.48 人	3.39 人	3.45 人

「特別支援教育資料（平成 24 年度）」（文部科学省）の「特別支援学級数、特別支援学級在籍児童生徒数、担当教員数及び特別支援学級設置学校数－国・公・私立計－」の数値を基に算出。小数点第３位で四捨五入。

(4) 通級指導教室で指導を受けている児童生徒数

障害種別	小学校	中学校	合計
言語障害	32,390 人	284 人	32,674 人
自閉症	9,744 人	1,530 人	11,274 人
情緒障害	6,137 人	1,313 人	7,450 人
弱視	141 人	20 人	161 人
難聴	1,704 人	352 人	2,056 人
学習障害	7,714 人	1,636 人	9,350 人
注意欠陥多動性障害	7,596 人	921 人	8,517 人
肢体不自由	16 人	1 人	17 人
病弱・身体虚弱	14 人	6 人	20 人
総計	65,456 人	6,063 人	71,519 人

(5) 幼児児童生徒の就学状況

	義務教育段階（小・中）	幼児児童生徒全体（幼・小・中・高）
総数	10,403,076 人（100%）	15,435,754 人（100%）
特別支援学校在学者	65,926 人（0.6%）	129,994 人（0.8%）
特別支援学級在籍者	164,428 人（1.6%）	164,428 人（1.1%）
通級による指導を受けている者	71,519 人（0.7%）	71,519 人（0.5%）
障害により就学猶予・免除を受けている者	44 人（0.0004%）	

全体において 0.8 ＋ 1.1 ＋ 0.5=2.4% が特別支援教育を受けていることになる。特別支援学校在学者及び特別支援学級在籍者の数は、国・公・私立の合計。通級による指導を受けている者の数は、公立のみ。総数は、国・公・私立及び就学猶予・免除者の合計。（ ）内は、総数における割合。

中学校や特別支援学校の小・中学部など義務教育の学校ならば「公立義務教育諸学校の学級編成及び教職員定数の標準に関する法律」、高等学校ならば「公立高等学校の適正配置及び教職員定数の標準等に関する法律」と言います。

この法律上の標準となる1学級定員と実際の学校における1学級あたりの人数の平均を以下に示しました。ご覧ください。

このように、特別支援学校における1学級あたりの子どもの人数は、義務教育である小・中学部で法律上は6人、実際には平均して3人となっています。小・中学校の特別支援学級でも、1学級あたりの子どもの数は法律上で8人、実際は平均して3人です。これに対して地域によっては、教師を補助する人を加配しているところもあります。制度上も実際にも少人数の指導がなされるようにできているわけです。

このように確かに学びの環境は整っていますが、指導力のある教師が特別支援学校や特別支援学級に配置されるのかという問題が残っているように感じています。教師の指導力がなければ制度を生かすことはできません。私は、指導主事時代に、特別支援学校や特別支援学級の担任の指導力がないと保護者からのクレームがあった学校を指導するという経験を少なからずしています。

この教師の配置は、教育委員会でいうと教職員課という部署が行うものです。人事権を持っているので教育委員会の中でも大きな発言権を持っている部署です。この教職員課が障害児の教育、特別支援教育をどのぐらい重要なものと

学級編成の標準及び1学級あたりの平均人数（2013年5月1日現在）

	標準	平均
特別支援学校（小・中学部）	6人	3人
特別支援学級（小・中学校）	8人	3人
小学校（通常学級）	40人	24人
中学校（通常学級）	40人	29人

特別支援学校（小・中学部）の標準は、文部科学大臣が定める障害を２種以上併せ有する児童または生徒で学級を編成する場合は３人。
平均人数は小数点第１位を四捨五入（文部科学省の2013年度学校基本調査より計算）。

して見ているかが、教職員の配置に影響を与えます。私は教育委員会にいる頃から、できるだけ優秀な人材を特別支援教育の担当者にすべきだと思っていました。しかし、通常の学級で生徒指導や教科指導において力量の不足している人材を、対象が少人数であるという理由で、すなわち、数において子どもに与える「被害」が少ないという安易な考えで配置してきたという地域も少なくないように感じています。

40人に対する被害より8人の被害で収まる、ぐらいの発想です。このような発想は、問題であり基本的な考え方をすぐに正さなければなりません。

校長においては、校内人事という点で、特別支援学級や発達障害のある子どもがいる通常学級には最も力量のある先生を配置するよう考えてほしいものです。この点については、現場で直にその必要性を校長らは痛感しているため、適正に配置できている学校も増えてきたように思います。

発達障害のある子どもを育てている親にとって学校の先生、特に担任の先生というのは最も頼りにしている存在です。親としても担任の先生の人事に関心を持ち、要望を出していいのではないかと思います。

しかし、学校への教職員配置というのは行政施策であり教育委員会の教職員課がその役割を担っているため、校長ではどうしようもないケースも見受けられます。その場合、校長に一手に責任を押し付けても仕方ありません。教職員配置という行政施策についてではなく、正当に監視してできることを要求するようにすべきです。日々の授業や子どもへの生活指導などについて、親としての要求と学校としてできることをすり合わせるようにすることが重要になります。

これは、いわゆるクレーマーとかモンスターペアレントにたとえられるような行為とは全く違うものです。ただの要求ではなく、話し合いを前提とした「すり合わせ」という行為です。

万が一、この「すり合わせ」を拒否するような校長がいた場合には、行政責任を問うということもあっていいと思います。その場合は、闇雲に文句を言っても始まりません。教育委員会に学校教育の指導担当の課があるはずです。たとえば、指導課という名前の部署です。ここに対して指導についての調査を依頼し、情報を公開するように働きかけるのがよいでしょう。さらに、教職員課といった学校教職員の人事を担当している部署に、適正な配置かどうかの調査を依頼して情報の公開を依頼する方法も効果的です。しかし、これはあくまでも最後の手段です。そうなる前に日々、学校とともにわが子の教育について考えて解決するようにしましょう。

そのためのキーワードとなるのが、「学校評価」です。今の学校には、教育活動その他の学校運営について評価を行い、改善を図ることが求められています。そして、その評価者として保護者は当然想定されるべきであり、実際に法制度上も規定されています。

発達障害のある子どもを持つ親として積極的に学校評価にかかわるべきであり、かかわることが発達障害を乗りこえる一助となるのです。学校が実施するアンケートなどをゴミ箱に捨てるのではなく、アンケートに思いを書きましょう。どんなアンケートでも「その他何かありましたらご記入ください」という欄があるはずです。そこに意見を表明することから始めればいいのです。ぜひ、学校評価に参加してみてください。

自立して生きるために家族ができること

発達障害のある人たちが職業につくことを目指しても、実際に就労するのはなかなか容易ではありません。2年、3年、そして10年以上継続して働き続けることは、さらに困難であるように感じます。

完全失業率とは「完全失業者数」を「労働人口」で割ったものですが、日本では、1990年に2・1％だったのが、以後上昇し、2002年には5・4％にまでなりました。現在は、少し景気の回復のきざしが見え、2013年には4・0％まで下がりました。

しかし、実感としてわが国の経済状況は厳しく、一般企業においては賃金をおさえてリストラを進める方向について改善されてきているとは受け取りにくい状況です。

さらに、学校や福祉施設、病院などでも発達障害への理解が不十分な現状を見たとき、一般企業の人たちが、発達障害の特性について理解し、採用を促進することは、困難と言えるでしょう。それでは、発達障害を抱えた人たちの就労について、どう考えるべきかを書いていきます。

まず、現状認識です。

確かに、就労は困難かもしれませんが、未来が暗いかといえばそうではありません。特別支援学校は、一般就労、すなわち一般企業への就職率を少しでも上げようと努力しています。職業学科を作ったり、高等部普通科に100%の就労を目指す就労を目指す職業コースを設置したりしています。

また、2013年6月に可決した「障害者雇用促進法（改正）」は、2018年4月に施行されます。

同法は、障害者に対する差別の禁止、合理的配慮の提供義務、精神障害者を法定雇用率の算定基礎に加えることなどを規定しています。

2018年4月を境に障害者雇用は促進するものと思われます。

次に、障害者雇用がどのように行われているのか、例を挙げて説明していきます。

今から数年前に担任となった原田健一くんという特別支援学校高等部に通う2年生の男子がいました。自閉症の生徒で発語はありません。知的なレベルは2歳児ぐらいの感じでした。相手が言っていることは、日常の事柄についてては十分理解できていました。授業が終わる時間になると時計を指差して「ウーウー」と声をあげます。これは、『授業の終わる時間だよ。早く休憩にしてくれ』という意味なのだと思います。12時近くになると、おなかを押さえて「オイ、オイ」と言っていました。これは、『おなかがすいたよ、給食まだ？』といった意味でしょう。ノートにひらがなのなぞり書きをするのが大好きな生徒でした。ノートを私のところへ持ってきては、「アーアー」と言っていました。これは、『なぞり書きをしたいのでノートに何か書いてくれ』という意味です。黄色いラインマーカーで文字を書いてやると鉛筆でその上をなぞってとてもうれしそうにしていました。

排泄については、大便のあとに自分でお尻をきれいに拭くことが難しい生徒でした。しかし、いつも給食を食べて昼の12時40分頃になると大便をしにトイレに入っていました。わたしは、この生徒にタイマーを持たせることにしました。時間は、15分にセットしてその間、便器に座っているように指導しました。15分ぐらい経ったときに私がトイレに行きお尻を拭いてあげます。お尻を拭いてあげると「オイ、オイ、オイ」と気持ちよさそうにうなります。さしずめ「うんこが出たよ。お尻を拭いてくれてありがとう」といったところでしょうか。

発語はなかったのですが、常に「ウーウー」「オイオイ」と大きな声でうなっていたので声帯が荒れていて咳き込むことがよくありました。発語があればおしゃべりな生徒であったと思います。

また、多動があり常に席から立って何かをしていました。衝動性も高く、何かに気づくとそこに向かってすぐに走り出していました。

知的なレベルは2歳ぐらいとはいえ、実際の年齢は17歳です。いろいろなことによく気づく生徒でした。お茶がこぼれればすぐに雑巾を持って飛んできたり、ほうきを持てばすぐにちりとりを持ってきたりしていました。物事の段取りなどについてはよく理解できる生徒だったのです。実際の年齢のことを生活年齢と言いますが、このように知的な年齢すなわち知能テストで測定する精神年齢に比べて、実際の生活をする上での能力はかなり高いと思われる子どもは多くいます。これを「生活年齢の重み」と言います。

原田くんも精神年齢が2歳でも実際の生活上の能力では、高いものを感じる生徒でした。

私は、原田くんの特別支援学校高等部卒業後の進路先について考えていました。

親が元気なうちは昼間の生活について考えることになります。そうでない場合は、夜間の生活についても考慮することになり、施設への入所なども考えることになるわけです。一般の高等部卒業者においては昼間の生活について検討することになります。

知的障害のある生徒の高等部卒業後の進路先として考えられるのは、大きくは3つに分かれます。一つは一般企業への就職です。次に社会福祉施設の利用です。そして、作業所と言われる無認可の小規模な作業を行っている事業所へ通うという選択です。

軽度の知的な遅れのある生徒の場合、たとえば簡単な部品の組み立てやスーパーマーケットなどでの商品への値札貼りなど、できる仕事はたくさんあります。単純作業でも飽きることなくコツコツと正確に行うなどの適性を持った方も、たくさんいるわけです。知的に重度な生徒の進路先としては、社会福祉施設利用を検討することになります。

そして、中度の知的な遅れのある生徒で、ある程度の作業能力はあるが、工場での製品作りや商店での販売などまではできないという方は、いわゆる作業所に通うという選択があります。これは、無認可の小規模作業所と呼ばれていて、日本全国にたくさんあります。皆さんの住んでいる町の近くにもあると思います。しかし、実際にはあまり世間一般の方の興味や関心にのぼらないのが現状でしょう。

さて、原田くんはというと、重度の知的な障害なので保護者とも相談した結果、福祉施設の利用という選択をしたのでした。福祉施設にもいろいろな種類があります。法律でいうと「障害者総合支援法」に施設の利用についての法制度が書いてあります。知的障害者の日中に受けられるサービスとしては重度な場合は「生活介護」サービスを受けます。よって「生活介護施設」への通所が卒業後の進路となるわけです。福祉サービスを受けながら働きたい場合、「就労継続支援B型」のサービスを受けることになり「就労継続支援B型」施設へ通所します。

そして、この施設で将来就労に必要な訓練や支援を受けながら生産活動の機会を得るのです。実際は、クッキーやパンを焼いて販売したり、編み物やアクセサリーを作って販売したり、農業を行っているところもあり、さまざまな活動が行われています。さらに自立して働きたいという意向を持っている方々は、「就労継続支援A型」のサービスを受けるために「就労継続支援A型」施設に通うことになります。

このA型は、B型を一般就労に向けて進めた形のものと考えていいでしょう。施設と雇用契約を実際に結んで、一般企業に近い形で訓練や支援を受けるものを言います。施設によってさまざまですが、月々1万円程度の賃金が払われるところも多くあります。

原田くんは、この中で「生活介護」施設への通所に向けて取り組むこととなりました。この選択は、きわめて妥当なもので原田くんのような生徒の選択としてはごくごく一般的なものでした。私が勤めていた特別支援学校では高等部2年生の時点で、1回めの職場実習を行っていました。そして、福祉施設利用希望の生徒は高等部3年生で2回めの実習を行い、多くの生徒はこの段階で進路が決定します。もっとも一般企業を希望している場合、2回めの職場実習の結果、企業側が断ってくることも多くあり、そうした生徒は決まるまで3回め、4回めと続いていきます。私の経験では5回めの実習でやっと決まったという生徒がいました。

このように、障害者の特別支援学校高等部卒業時または卒業後の進路選択は、さまざまです。

進学するのであれば、専門学校や職業訓練校があります。そして、就労するのであれば、就労と施設利用の2つの道があります。就労では、障害者枠での雇用と一般枠での雇用の2種類。そして、施設利用では、ここまで述べてきたように、さまざまなものが考えられます。

しかし、障害者の就労や福祉施設利用に関する情報は簡単には入手できないのが現状です。特別支援学校高等部の進路指導担当者やハローワークの障害者窓口といった限られたところが情報を持っています。

今後は、特別支援学校の情報が、地域支援という形で、生徒以外にも提供される方向で進むべきであると私は考えています。

子育ての基本はアメとムシ

さて、社会で自立して働いていくためには、学校だけでなく家庭でもしっかりと社会のルールやマナーを教える必要があります。いわゆる躾ということになるのですが、この躾の仕方を語る上で今、私が参考にしているのが、落語家が書いた本です。

弟子の頃の修業のことを克明に書いている本がほとんどです。それぐらい修業時代というのは印象的であり思い出深いものなのでしょう。どの本も落語家が書いた本なのでとても面白く読めます。私のお薦めは2011年11月に亡くなった七代目立川談志のもとで修業をした数人の弟子たちが書いたものです。

立川談慶著『大事なことはすべて立川談志に教わった』(KKベストセラーズ)、立川志らく著『談志のことば』(徳間文庫)、同『雨ン中の、らくだ』(新潮文庫)、立川談春著『赤めだか』(扶桑社)。特に『赤めだか』は面白かったです。一気に2時間ぐらいで読み切ったように覚えています。

談志師匠がいかにきめ細かく弟子を育てていたかが分かります。談志師匠は弟子をうまく褒めてます。いや、うまくけなしている、うまくいじめていると言ったほうがいいかもしれません。「このバカやろう」というけなしも、時には褒め言葉に変わるんだと気づかされます。

談志師匠は、落語家の昇進に明確な基準を設けました。二つ目なら落語50席と歌舞音曲《おんぎょく》、真打なら落語100席という厳しい基準です。他の落語家の団体では選考基準が不明瞭という批判がある中、基準を設けました。これは、修業を怠る弟子はムシ、努力する弟子は実力しだいで昇進させる、すなわち最大級のアメを与えるという談志師匠ならではのシステムだと私は思っています。

私がここで言いたいのは、自尊感情を育てるための唯一の方法が「アメとムシ」なのだということです。人間は褒められることにより、適切な行為を学ぶことができます。適切な行為を自力で行うことができるのが自立であり、自立しているという自信が自尊感情の源になるのです。

心理学者の植木理恵さんの著書で『シロクマのことだけは考えるな！　人生が急にオモシロくなる心理術』（新潮文庫）という本があります。その中に「おりこうさんは、アメとムチではなくアメとムシで育つ」という一文があります。実は、これと同じようなことを、私は10年前から講演などでよく話していました。

何かの行動をとったとき、適切な行動なら「いいよ」と言って褒める。何かご褒美を与えるという褒め方もあるでしょう。褒められると、また褒められたくて同じような行動をします。適切な行動を強化することになるので効果的なのは皆さんにもよく分かると思います。

問題は、不適切な行動を相手がとったときです。普通は、「だめ」と言って怒るでしょう。拳骨《げんこつ》で叩くなんていうこともあるかもしれません。このように、不適切な行動をとったときに怒るすなわち「ムチ」を与えることには何の意味もありません。この「だめ」という情報には、「その行動はノーですよ」という情報しかないのです。

じゃあどうしたらいいのかという情報がないので意味がないわけです。むしろ、「だめ」という否定語が強化刺激になる可能性だってあるのです。「だめ」と言われれば言われるほどやるようになるのはそのためです。ならばどうするか。相手の不適切な行動に対しては、何もしないのが最良の方法です。すなわち、「ムシ」です。

しかし、ただ単に「アメとムシ」という考え方で対応しても不十分だと思っています。私が教師生活30年の経験から導いた答えは、アメとムシの前提に「巻き込みの理論」という視点があってこそ人間教育は成立するというものです。

巻き込みの理論

「巻き込みの理論」という名前は私が付けて講演の中でなるべく語るようにしているものです。人間を相手にした仕事についている人にとっては必修の理論だと思っています。

「不安の強い人というのは他人を巻き込む」というのが巻き込みの理論です。

発達障害のある子どもで、多動・衝動的な症状がある場合は、授業中に立ち歩くといったように席に着くのが難しいわけです。席に着けないのかというとそうではありません。知的に遅れのないＡＤＨＤだったり、ＡＤＨＤの診断は出ていないにしても多動性・衝動性を持っていたりする子どもは、授業中席に着かなければいけないというルールはしっかり理解しています。授業参観日で怖いお父さんが見に来ている日は、きちんと席に着いて授業を受けていたりもできるのです。

先生の対応によって、席を立ち歩く回数の多い子になってしまうのです。生まれつきの脳の機能障害である発達障害の場合、生まれたときから何らかの認知の弱さを持っています。

不安の芽を生まれつき持っていると考えられます。

たとえば、「聞く力」が弱いということは、小さい頃から親や幼稚園、保育園の先生、友達との関係の中で、言うことの聞けない子だと思われたり怒られたりしているわけです。したがって、原因は先生や親、友達に逆らうつもりではない行動が、「聞く力」の弱さから言うことを聞かない子として怒りを買うことになります。そして、怒られ続けて何年も経過していくことになるのです。

怒られれば怒られるほど自分は何もできないダメな人間だと思うようになります。何をするにも自信が持てず、不安を抱え込むことになるのです。

不安の芽は、大きくなっていくしかありません。不安を持った子どもなので、親や先生、周りの友達を巻き込んでいき、反応してくれることで安心感を得ます。先生の顔色を見ながら立ち歩くのです。先生は、「〇〇くん席に着きなさい。授業中です」と怒ります。

先生が追いかけてくるのを確認しながら立ち歩く行動はやがてエスカレートしていき、教室から飛び出すことになります。立ち歩く行動は不適切な行動なので、無視しなければいけないのですが、先生は怒ります。「だめ」と「不適切である」というメッセージしか与えない怒り方で怒るわけです。着席をうながすような働きかけがありません。したがって、「だめ」という反応だけが強化刺激となり、子どもはさらに立ち歩くことになっていくというのがこのメカニズムです。

不適切行動は無視をし、席に着いたときにすかさず褒めなければいけなかったのです。「○○くんえらい、席に着いているね」といった具合にです。これが、「アメとムシ」です。

皆さんの友達で誰彼かまわずに相談する人はいませんでしょうか。このような人も不安の強い方です。仮にXさんとしましょう。XさんがAさんに相談する。Aさんは、親身に答えます。しかし、XさんはAさんの助言を実行することはありません。すぐにBさんに相談します。この助言も実行することなくすぐにCさんにも相談します。そして、助言に従うこともなく周りにいる人みんなに手当たり次第、相談することになります。不安の強い人間に周りのみんなが巻き込まれた状態となるわけです。周りのAさんとCさんが助言内容の違いにより、けんかになることもあります。巻き込まれているというのはこういうことです。

本当は、不安の強さからきた相談なら、聞くだけ聞いてムシをするのがよかったのです。助言されても実行しないわけですからそれでいいのです。Xさんは、周りが巻き込まれないと分かった段階で、自力で解決の道を歩むことになるわけですが、周りが巻き込まれている間は、地力を発揮しません。巻き込まれていることで、Xさんの自立を阻んでいると言ってもいいかもしれません。状況は見極めなければいけませんが、自殺などの危険といった生命にかかわること、人権を侵害するような事例でなければ、不安からくる巻き込み行動に対しては、ムシをしなければ当人にとってもよくないことになります。

家庭で最も一番子どもに巻き込まれやすいのが親で、学校は先生です。病院なら医師や看護師が一番巻き込まれやすい存在になります。考えてみれば、それはそうでしょう。人のためになりたいといってなった職業です。子どものためならと思うのが親ですし、教師や医師、看護師たちもできることならやってあげようと思っている方が多いように感じます。しかし、できるからといって何でもかんでもやってあげればいいというわけではないのです。自分でできることなら自分でやってもらう。自分でやり遂げたときに「よくやったね」と褒める。これが職業的なプロの対応ということになるのではないでしょうか。

この「アメとムシ」、老若男女すべてに当てはまります。知的な遅れのあるなしに関係なく、「アメとムシ」が基本的なかかわり方ということになります。

しかし、相手が不適切な行動をとったときに無視するのは、実際にはすごく難しいものです。ましてや人のためにと決意してその職業に就いている人間にとってはなおさらです。

ある特別支援学校に知的な遅れのある自閉症を抱えた17歳の男子生徒がいました。この生徒に関して、担任の先生から次のような相談を受けました。

「その生徒は、時々人前でパンツごとズボンを脱いでしまいます。人前でズボンを脱がないようにさせるにはどうしたらいいでしょうか」

私は、早速授業観察に入り、すぐにその場面に遭遇しました。

その生徒は、教室でズボンを脱いでしまいました。それを見た担任の先生は、大きな声でその生徒の名前を呼んで、ズボンをはかせるために飛んでいきます。周りの生徒も大騒ぎ「〇〇くん、ズボン脱いだらダメよ」とか「早くズボンはいて」と一生懸命に声をかけています。

その生徒は、とてもうれしそうに、これ見よがしにズボンを脱いだまま立っています。周りが大騒ぎをしているのを確認してからサッとズボンをはきました。そして、今風の言い方だと「どや顔」です。これを1日に何回も繰り返しているそうです。このままでは、解決はないでしょう。先生の対応に課題があります。一生懸命に止めに行ったり、声をかけたりしてはいけないのです。

先生や周りの生徒がこの生徒に対して注意をしたり近くにすぐに飛んでいったりする行動は、この生徒にとってはアメとなります。とてもうれしくて、うれしくてたまらないと思います。みんなが注目してくれて、一生懸命にかまってくれているわけですから、ズボンとパンツを脱ぐ行為は強化されることになります。やめるわけがありません。

一番効果的なのは初期対応で行うことです。初めてズボンを脱いだときに「ムシ」すればそれで何もなかったということになっていたかもしれません。せいぜい2、3回ムシをすれば済んだはずです。実際は、初期対応のときに飛んでいき、「〇〇くん、ズボンはいて」と大騒ぎをしたのではないかと思います。このときにこの生徒は、とても快感だったのでしょう。だから、続けてやっているのです。続けてやっているということは、これは快反応だからです。やればやるほど固定化することになります。

そうは言っても、無視して怒らないでいるのはとても難しいことです。悪いことをすれば怒ってしまうのが人間です。周りの状況やこの理論的な背景を知らない人からするとなぜ怒らないのかと逆に言われてしまうでしょう。学校現場だとあえて指導として無視しているのに、「何で指導しないのか」と非難されてしまいます。結局、周りの先生も説得できずに一見当たり前に思えても実は間違った指導である、不適切行動への叱責を繰り返すことになり、何の解決も見ないままその学年を終えることになってしまうのです。

この間違った指導の連続を断つためには、まず、この理論を学習し、実際に個別に具体的に行動を洗い出してみて、無視するものと人権上の問題や安全上の問題により無視できないものに分けてみてはいかがでしょう。

そして、無視できるものは無視することを共通理解とすることから学習指導と生徒指導を開始すべきです。何度も強調しますが、無視するのが目的ではありません。適切な行動を褒めて強化するために無視するのです。一方では、必ず褒める場面をつくって褒めて伸ばすよう働きかけなければいけません。ここが大事なのです。

これらのことに悩み考えるのはいつか。それは、今です。問題に直面したときが実践のチャンスなのですから、問題に直面してからでは悩み考えるタイミングとしては遅いのです。考えながらの実践では遅いのです。

人間は、自分の力で相手を変えるのは無理です。自分と他人は違う脳を持っているわけですから。ならば、何ができるか。自分を変えることならできます。相手を変えようとするのではなく、相手の見方を変えるという発想です。決して不適切行動が目的でそうなっているわけではありません。

特性や環境が不適切行動を起こしているのです。それならば、環境を調整し、相手の特性にそって、できることを見つけて一歩一歩、スモールステップで前に進むように導くことが大切だと思います。小さな一歩でもよしとすることが大切です。それには、相手を待つ必要があります。我慢して小さな一歩を踏み出すのを待つという姿勢です。このように自分を変えることなら可能であると私は思っています。

自分を変えることで、相手は変わらなくても相手との関係性を変えることができるはずです。それには、「アメとムシ」の知識を科学的認識までに高めておくことが大切なのです。

この考え方は、いろいろな場面であらゆる職場や家庭環境への応用が可能です。

ぜひ試してみてください。

人間教育の本質「汝隣人を愛せよ」

子どもに何かを教える、教育するときに、アメとムシとともに心がけてほしいことがあります。まずは、人間教育の本質について考察し、その極意について述べたいと思います。

人間教育について端的に明快に述べているのが、教育基本法第一条です。教育の目的について書いています。第一条を引用してみます。

「教育は、人格の完成を目指し、平和で民主的な国家及び社会の形成者として必要な資質を備えた心身ともに健康な国民の育成を期して行わなければならない」

実は、この教育基本法は２００６年に第一次安倍政権時代に60年ぶりに改正されました。多くの人の反対を押し切った形の改正でした。文部科学省発行のパンフレット「新しい教育基本法について」の中では、「昭和22年にこれまでの教育基本法が制定されてから約60年、教育を取り巻く環境は大きく変わりました」という改訂の理由が載っています。

しかし、第一条をとってみても改正する必要があったのでしょうか、私の率直な疑問です。

次に引用するのは、旧教育基本法の第一条で、やはり教育の目的について述べている条文です。

「教育は、人格の完成をめざし、平和的な国家及び社会の形成者として、真理と正義を愛し、個人の価値をたつとび、勤労と責任を重んじ、自主的精神に充ちた心身とも健康な国民の育成を期して行われなければならない」

現行の教育基本法は、旧教育基本法の「真理と正義を愛し、個人の価値をたつとび、勤労と責任を重んじ、自主的精神に充ちた」が削除されました。しかし、この旧教育基本法は歴史的遺産として生きています。たとえ、何者かによって数の論理で廃止されても、一つの重要な憲章として生かしていけばいいのです。

私が人間教育とは何かと言ったとき、この削除された部分が人間教育の本質であり肝であると考えています。すなわち、真理と正義を愛し、個人の価値を尊び、勤労と責任を重んじる自主的精神に充ちた人間を育てるための教育こそ人間教育というのではないでしょうか。ここのところを重視するからこそ、人格の完成を目指すことができるのであって、平和的な国家および社会の形成者となれると考えています。

教育することの意味は、自立できるようにするためです。自立できなければ、個人として社会を形成することなどできません。自主的精神を身につけさせることこそ、教育の本質だと私は考えています。

個人を尊重したり、自主的精神を身につけたりすることはとても難しいことなのです。これは、他人を大切にするということです。それもただ単に他人を愛して大切にするということではありません。キリストの有名な言葉に「汝隣人を愛せよ」というのがあります。私は、クリスチャンではありませんが、この言葉はとても重たいものであり、人間教育の本質を表したものであると思っています。

この「隣人を愛せよ」という言葉は、単に「隣の人を愛しなさい」と言っているのではないと私は解釈しています。そもそも隣の人を愛せよと言われてもなかなか難しいものがあります。「汝」と呼びかけているこの「汝」に実は深い意味が込められています。キリストの言う「汝」とはすなわち語りかけている「あなた」、言われている自分からしたら「わたし」です。つまり「自分、隣人を愛しなさい」とも解釈できます。あなた、すなわち自分が自分をまず愛しなさい、そして、自分を愛するように他人にも愛を与えなさいと言っているのではないでしょうか。

自分を愛することで、私たちは常に自分と向き合うことになるはずです。自分を愛するというのはどういうことなのか、自分を好きになるにはどうしたらいいのかという基本課題を抱えて生きることになります。そうすることで「愛する」ということの本質が見えてくることになり、おのずと他人を愛することができるようになるのではないでしょうか。

「自分が大好き」な人ほど「他人を好きになる可能性」を持った人になるのです。

「自分が嫌い」という人は、やはり「他人を好きになる可能性」は少ないのではないでしょうか。

人間が人間らしく成長するというのは、「人間はいいものだ」と感じる心を常に持つことが重要な要素となります。そのための教育が、人間教育だと思います。したがって、人間教育とは「真理と正義を愛し、個人の価値を尊び、勤労と責任を重んじる自主的精神に充ちた人間を育てるための教育」ということになります。

まず自分を好きになり尊重し、他人のいいところが見えてきて他人を好きになる。そして、他人を尊重して協力してすばらしい社会を形成する。そのための勤労や責任は惜しみなく捧げられる。真理と正義はそのための道しるべとなるものであり、誰からも縛られることなく真理と正義のために自主的に突き進むことができる人間をつくることが教育の目標となるのです。

これは、家庭にも言えることです。特に障害のあるお子さんの場合、子どものことだけに目が向きがちで、自分自身のことはほったらかしになりがちです。子どもに熱心な様子というのは、頭の下がる思いなのですが、ぜひ、自分のことにも目を向けてください。

そして、自分が自分のことを好きになりましょう。あなたが笑顔でいるという家庭の環境が、きっと子どもにもいい影響を与えるはずです。

第三章　大人が直面するいじめと差別

いじめや差別が起きる原因は？

第二章では、環境を整えることの大切さを述べてきましたが、特に通常学級においてはまだ発達障害の方にとって、厳しい環境にあるのではないかと心配せずにはいられません。それは、実感としていじめや差別が減っていないように感じるからです。

知的な遅れのないLD（学習障害）、ADHD（注意欠陥多動性障害）、自閉症などの発達障害のある子どもというのは、通常の学級に在籍している場合が多いのですが、集中力が続かない、空気が読めないということから、周りの子どもとの軋轢《あつれき》が生じやすいと言えます。

以前、学校に勤めていたとき、同僚の男性教師から相談を受けたことがありました。その同僚は、40歳前ぐらいに結婚し、お子さんは当時、中学1年生になったばかりということでした。そのお子さんを仮に健一くんとしておきましょう。一人息子の健一くんは、5歳のときに広汎性発達障害（PDD）の診断を受けていました。私の判断ではアスペルガー症候群だと思われます。よくしゃべるお子さんで、その場にそぐわない発言をするということでした。

小学校高学年のときには、隣に住む40歳ぐらいの叔母に当たる方に毎日のように「今日も化粧濃いねえ」と言っていたそうです。

その発言をやめさせるのに苦労したそうです。

中学校に入学したてのことでした。その学校では、毎年5月にクラス対抗の合唱コンクールというのがあるそうです。学年別の課題曲1曲とクラスごとに決めた自由曲1曲の合計2曲を体育館のステージで歌い、先生方から審査委員を7人決めて審査します。伝統行事にもなっていて、かれこれ20年ぐらい続いていると言います。

中学校に入学したての時期というのは、まだ周りの生徒の様子をみんな見ている時期で、合唱の練習であまり大きな声を最初から出せないものです。健一くんのクラスも最初、あまり声を大きく出して歌っている生徒はいなかったようです。

健一くんは、周りのそんな気持ちを汲み取ることができません。中学校に入学してすぐの合唱コンクールであっても、健一くんにしてみれば一生懸命やるのが当たり前なのです。ですから、健一くんだけはクラスで行った最初の練習から、ありったけの大きな声で一生懸命に歌ったのです。それを見て周りの生徒たちは、違和感を覚えて冷ややかに笑っていたそうです。健一くんは、だらだらとしてまじめに練習に参加しない他の生徒が許せません。許せないと思ったら一生懸命に訴えかけます。思ったことをすぐに口に出してしまうところがあったのです。

「みんな、中学校で最初の合唱コンクールじゃないか！　もっと大きな声を出そう！」

それを聞いた周りの生徒たちは、さらに冷ややかな視線を送り、健一くんから距離を置きます。周りの生徒が悪いと言っているわけではありません。周りの生徒の中にも健一くんと同様に、中学校最初の合唱コンクールなんだから、頑張らなければいけないと思っている生徒はたくさんいたのだろうと思います。しかし、最初から訴えかけても事はうまくいかない、今は黙っていようと思っていたんだろうと思います。彼らは周りの空気を読んでいたのです。そして、だんだん本番が近づいてくれば、大きな声で歌うようになるだろうと思っていたのではないでしょうか。

大げさに言えば、自分を抑えて黙っているわけです。くだけた言い方にすると、自分にうそをつけるのです。十分な合唱ではないけど、今はこれでいいんだとうそがつけるわけです。そうして周りとうまく調整していこうとしているのです。

周りと協調するためにうそをつくということが大切なときもあるのです。

私は、かねがね思っています。

「社会性とは、うそをつけること」だと。それも、相手を傷つけないようにうそをつけることではないかと思っています。自分の利害や保身のためのうそではありません。それは、相手のことを思って、相手の心を推測して相手を傷つけないようにうそをつくことを意味します。ここには、相手を思いやる気持ちが含まれているわけです。

待ち合わせをしていた相手が、どう見ても変な洋服の合わせ方をしているとします。50歳の男性が、赤い縦じまのTシャツに黄色い横じまの半ズボンです。彼からは、いかにも頑張って洋服を選んだんだぞというオーラが出ているとします。

「変な合わせ方、それでよく外に出られましたね」

彼に対してそのような言い方はできないはずです。

「若々しくていいですね。どこに行っても目立ちますよ」

相手の気持ちを察して、少しうそをつくのではないでしょうか。

それが、この相手とうまくやっていく秘訣だったりするわけです。

別に、赤のTシャツを着ようが、黄の半ズボンをはこうが命に危険が及ぶわけではないのだから本人がいいならいいのではないかと思います。そして、相手は若さを見せたいんだということが見えますから、その若さについて褒めるのです。同じうそでも相手を思いやっているわけです。

健一くんは、それができません。アスペルガー症候群のある人の場合、その瞬間に重きを置いて、空気を読むのが苦手なことがよくあります。

正しいことは正しいと、まだ言わなくてもいいことでも言ってしまいます。

練習の一件の後、クラスの何人かの生徒たちからからかわれるようになりました。

その中の一人の男子生徒の発言に次のようなものがありました。

「健一のような『ガイジ』が、何でクラスにいるんだ！」

この発言の意味が、健一くんには分かりませんでした。家に帰って「ガイジ」ってどういう意味なのかを父親に聞きました。

父親は、学校に相談しようかどうしようか悩んで同僚の私のところに相談にきたのです。私は、全国の学校に依頼されて実際の教育現場に出向いていっていました。それは、職員研修会の講師の依頼だったり、学級を見て実際に先生方の悩みや疑問に答えるという巡回相談だったりします。その中で、このような「ガイジ」発言の事例をよく耳にしますし、その対応について相談に乗ったりします。

全国でこのような「ガイジ」という言葉を使った差別事象が頻発しているのではないでしょうか。私は、教師を32年間にわたって務めてきましたが、教師になった30年以上前からこの言葉による差別事象に出会っています。

その都度、緊急に対応すべきこととして取り組んできました。

「ガイジ」という言葉を知らない方のために解説します。

この言葉は、「障害児」の「障」を略した言葉です。そもそも「障害児」という言葉自体にもこの「害」という言葉により差別的なニュアンスを持つのかもしれません。よって、「障がい児」と記述したり、「障碍児」と記述したりする方もいると思います。「害」という漢字を使いたくないという場合に「碍」を使ったり、ひらがな表記をしたりしているものと思われます。

「障害」という漢字が法律など一般的に広く使用され、普及している現状から差別的意味合いなどの検討を行った上で私は使用することをここに示しておきます。

「ガイジ」は頭の文字「障」を略すことに悪意が感じられます。害のある子どもという意味合いを強調するという意図があるのではないでしょうか。そして、その使われ方も多くは、障害のある方を指すために使っているのではなく、「人と違った子」や「ちょっと変わった子」など少数派の子に対して使われています。

そこには、蔑視のニュアンスを明らかに感じる差別語であり、侮蔑語です。直接的に使うのではなくひっそりと陰で使う隠語的な性質も持ち合わせています。

使っている子どもは、このような意味を知らずに、相手を馬鹿にしたり攻撃したりするときに使うこともありますし、「障害児」を馬鹿にするときに使う言葉だと分かった上で障害児以外の人を馬鹿にしたり蔑んだりするときに使っています。

集団の一部から出た差別事象は、その一部だけの問題ではありません。差別というのは構造的なもので、周りとの関係の上で表に出てくるものなのです。「ガイジ」と発言した生徒だけの問題ではなく、この差別発言をした生徒は、周りがこの差別発言を支持するかまたは黙認する雰囲気があるから言ったのです。

この差別発言を否定する雰囲気を持った集団においては、差別発言が表に出ることはないのです。たとえ発生したとしても発言直後に本人または周りの者の気づきにより消失します。

ですから、問題を提起する相手は差別発言をした個人ではないのです。この差別発言をした集団やその集団に差別を許す風土をつくっている何ものかを正さなければ解決はありません。

そして、この「ガイジ」という発言は、一度使われ始めると、蔓延していく傾向を持っています。健一くんの周囲の障害を持った人が、その事件の当事者ではないにもかかわらず「ガイジ」と罵られるようになり、大きな痛手を受けてしまうのです。

直接的な矛先が向かってこなくても、周りの「障害者」の心を硬くし、さらに、将来、差別をなくして明るい未来をつくっていこうとする人たちに対しても傷をつけていくのです。

このために、障害者やその家族までもが差別的な扱いを心理的に受け、自立と社会参加を阻む原因になってしまうことも十分に考えられるのです。

この「ガイジ」という言葉は、「使ってはいけない言葉」として禁句として抑え込むのではなく、誰に対して使おうと障害者を差別する言葉であり、その方々の心の痛みを全く感じないとしか考えられない冷血な言葉であり、「使わない言葉」であるという意志を持たせるように、すべての子どもたちに理解させ、使わないという雰囲気を持った集団をつくらなければなりません。

そのためには、「人間というのは隣と違って当たり前」という多様性を尊重する思想的理解を持たせることが大切ではないかと考えています。それが、誰にとっても過ごしやすい社会環境なのではないでしょうか。

これは、いじめも同じです。いじめをしてもいい、黙認できる雰囲気が集団にあることが問題なのです。いじめをした本人を罰すればいいという考え方でなく、いじめを許してしまった集団をどう変えていくかという構造的な問題という視点に立って論議が進められなければ全く意味がないように思われます。

最後に、健一くんのその後について話をしましょう。

私は特別支援教育士スーパーバイザーとして手紙を書くことにしました。健一くんの学校の特別支援教育検討委員会宛にです。こういう対応ができたのは、私が校内研修会の講師として入ったことのある学校であり、かかわりが少なからずある学校だったからです。手紙の内容は、今述べた「ガイジ」発言の意味するものについての見解と健一くんの相手の気持ちを推し量るのが苦手であるという特性などを詳しく書きました。

ありがたいことに、学校は、この手紙を真摯《しんし》に受け止め取り組みを始めたということです。「ガイジ」発言をした生徒数人に対して、発言時の気持ちを聞き、個別に説諭し、そして学校全体へ学年主任の教師から「ガイジ」発言の差別性について呼びかけました。

すると、しだいに「ガイジ」発言はなくなっていったと言います。

発達障害といじめの関係

いじめにまつわることで、私にとっていまだに悔やまれる苦い経験があります。

大学を出て教師としてスタートしたのが、広島市とはいえ山間の中学校でした。この中学校での経験です。一人の男子生徒、山下くんが中学3年生のときに不登校となりました。

私は、この生徒が卒業した後に初めて、いじめが原因で不登校だったことを知ったのでした。今ならいじめについてもっと早くに把握して、何とか対応することができたのに、当時はまだ若く、力量もなく、この生徒に対して申し訳なくて仕方ありません。家庭訪問したときのこの生徒の悲しげな表情が今になって夢に出てきます。私にとって一生悔やまれる苦い経験です。

今から30年以上も前の話なので当時はこの山下くんに発達障害があるという認識は私にはありませんでした。世間一般にも発達障害という言葉はほとんど知られていなかったように思います。山下くんの実態把握としては「おとなしいあまりしゃべらない子」という認識でした。

授業中ふざけたりすることもない生徒でしたが、中学3年生にもかかわらず、九九も覚えていないし、漢字などもあまり書けないといった状況でした。体格も小さく、運動も苦手でした。友達もいなく、いつもおどおどしている印象が残っています。

後から考えると、自閉症スペクトラム障害やLDがあったのだろうと思います。

今なら、ゆっくり丁寧に視覚支援などを活用しながら、山下くんの思いを聞き取ることができるでしょうし、九九を山下くんの得意な認知機能を生かしながら獲得するよう支援できたのにと思います。残念で仕方ありません。

不登校になり始めたのは、中学3年生の2学期の初めからでした。すなわち、夏休みも終わった9月1日からのことでした。1学期も、欠席の多い生徒でした。週に1日ないし2日のペースで欠席していました。特に月曜日の欠席が多かったと思います。さぞかし、しんどい状況で精一杯頑張って登校してきていたのだろうと思います。

この地域は、保育園も1園ありましたがみんな同じ保育園、同じクラスです。小学校も1学年が4、5人程度の規模のために1学年と2学年で1クラス、3学年と4学年で1クラス、5学年と6学年で1クラスという複式学級でした。山下くんに対する疎外状況は保育園からだったのではないかと思います。卒業後のクラス会で周りにいた同級生から聞いたところ、小学校ではすでにいじめがあったと言います。

いじめる側にいたのは、山下くんの近所の生徒でした。この生徒、香川くんは、今思えばADHDのタイプの生徒でした。山下くんと違っていたって活発です。対人関係に関する能力も高く、友達もたくさんいました。昔でいう「ガキ大将」的な感じの生徒でした。小学校入学と同時に剣道を始め、中学校でも剣道部に所属していました。この中学校区には、剣道の道場があって、伝統的に小さい頃から剣道を習っている子どもが多くいました。とても頭の良い子だとは思いますが、勉強に対する集中力や根気がなく、成績はあまり芳しくありませんでした。しかし、剣道に対する思いは強く一生懸命に打ち込んでいました。

剣道部の指導は、学校の先生ではなく外部のコーチに頼んでいました。このコーチの前では香川くんは優等生でした。何でも「ハイ」と答え、てきぱき動く生徒でした。しかし、相手が変わると態度が変わります。女性の先生や優しい指導をするような先生の前ではあまり言うことを聞かないことがありました。

実は、このように、同級生などに対しても相手によって接し方を変えていたのです。剣道部の先輩やいわゆる不良と呼ばれていたようなツッパリ生徒などの前では何でも「ハイ」という低姿勢な態度をとっていました。しかし、後輩や弱い相手には、相当ひどいことを言ったりやったりしていたようです。特に、小さい頃からよく知っている山下くんにはきつく当たっていたのです。山下くんは香川くんに何度やられても、後をついていっていました。当時、2人で遊んでいても全然笑顔もなく悲しそうな顔をしている山下くんに違和感を覚えたこともありました。しかし、「何をしているんだ」と言っても、「遊んでいるんです」と2人は口裏を合わせていました。正確には、山下くんは香川くんにそう言わされていたのだと思います。

山下くんが不登校になっても、当時はクラスの誰も私にいじめがあることを教えてくれませんでした。いじめは、学校や先生が気づかなければ表には出てきません。先生が気づいてこそ、言い方を変えれば気づくような先生にしか子どもたちは教えてくれないのです。それはそうでしょう。目の前で日々繰り返されているにもかかわらず何も気づかないような先生に、このいじめを解決できると思うわけがありません。

先生が気づくという事実をもって、子どもたちは先生の解決に向けての力量を見抜いているのです。この件から何年かして私はこのことに気づいたのでした。ですから、このときの周りの生徒に罪はありません。すべては、私の力量のなさにあるのです。

卒業してすぐの同窓会で女子が教えてくれました。

「山下くん、かわいそうだった。香川くんは、よく山下くんを殴ってた。顔は目立つからっておなかを……」

「山下くんが、学校を休むと自分のせいになるから学校に無理やり来させるように家まで行くこともあったし……」

おうちの方も、香川くんが家に来てくれると感謝めいたことを家庭訪問で言っていたことを思い出します。このように用意周到にいじめというのは繰り返されるのです。

発達障害の中核部分はコミュニケーション障害です。山下くんは自分の気持ちを表現するのがとても苦手なタイプだったのです。それは、相手の思いや言っていることを理解する力が弱いことに起因しています。何をやられても笑うしかなかったというのが山下くんの実態です。

そのために、いじめのかっこうの対象になっていたと考えられます。

発達障害のある子どもは、周囲の症状に対する理解が乏しく、さらに言えば、山下くんのように、その症状にかこつける形で、いじめの対象になってしまう危険性が他の子どもよりも、どうしても高くなってしまいます。

もちろん、前述したように、学校側もいじめや差別が起きないような集団づくりをする必要はありますが、万が一のことを考えて、家庭で、いじめに対する対応についてしっかり考えておく必要があります。

これも、発達障害を乗りこえるための知識として重要なものの一つだと私は考えます。

それではどのように対応をしていけばよいのか、次の項から見ていくことにします。

いじめにどう対応していくのか

まず、文部科学省は、いじめに対する対応策として何をどのように言っているのでしょうか?

文部科学省が2010年3月にまとめた『生徒指導提要』(教育図書)というA4版の237ページに及ぶ冊子があります。

いじめ問題というのは、学校教育の中の分野でいうと「生徒指導」という範疇に入ります。

文部科学省という役所でいうと2013年10月現在で初等中等教育局児童生徒課生徒指導室が主管しています。主管というのは、主として扱っているということです。いろいろなケースが考えられるので複数の部署に関係することですが、そこの部署が主たる責任を負っているという意味です。この冊子の編集についても生徒指導室はかかわっています。

都道府県や市町村の教育委員会にも生徒指導課とか生徒指導室のような部署があれば、そこが担当しています。

さて、この冊子の「第6章　生徒指導の進め方」「Ⅱ　個別の課題を抱える児童生徒への指導」の「第6節　いじめ」にいじめについて3ページにわたって書かれている箇所があります。詳しくはそちらを見ていただきたいのですが、その中には次のような記述があります。

まず、いじめをとらえる視点として次のように述べられています。

「いじめは力の優位‐劣位の関係に基づく力の乱用であり、攻撃が一過性でなく反復継続して行われるという指摘は、いじめの本質を的確に突いています。そのために、いじめられる児童生徒は加害者を訴え出る意欲を奪われ、無力感に陥ってしまいかねないのです」

これは、非常に的を射た意見ではあります。無力感に陥ってしまうからこそ、早期発見と早期対応が必要になるのです。そこにおける教師の果たす役割は大きいと言わざるを得ません。

何よりも重要なのは、教師がいじめに気づくことによって、解決への道は始まるということを教師自身が噛み締めることではないかと思っています。

さらに、ここではいじめの構造に基づいた対応として次のような記述があります。

「日本のいじめの多くが同じ学級の児童生徒同士で発生することを考えると、教室全体にいじめを許容しない雰囲気が形成され、傍観者のなかからいじめを抑止する『仲裁者』が現れるような学級経営を行うことが望まれます」

これは、私の指摘する「いじめというのは構造的問題である」と同義ではあるのですが、学級経営だけにその責任を負わせるのでは事の本質から逃げているように感じられます。責任は学校経営や教育行政にも大いにあるのです。構造的問題とは、学級だけの構造を言うのではなく、学校全体や社会全体の構造を変えていく取り組みが必要ではないかと思っています。したがって、学校のいじめの問題は、学齢期の子どもを持っていない方々にとっても関係の深い問題であるという認識を持つべきだと思います。

さらにこの冊子では、いじめ問題の対応として「児童生徒が発する小さなサインを見逃すことのないよう日ごろから丁寧に児童生徒理解を進め、早期発見に努めることが大切」であり、「多面的な情報を付き合わせて全体像を把握し的確な対応を行うためには、協働的な生徒指導体制が機能していることが不可欠」であるとしています。

そして、組織的対応について「いじめを把握したら、関係者が話し合い、対応チーム（生徒指導主事、教育相談担当者、養護教諭、学年主任、担任などで構成）を組織」することとしています。

確かに、ごもっともな内容なのですが、具体性に欠け、実際にどのように動くかといった指針めいたものが書かれていません。これが教育行政の問題点です。これを読んで、学校関係者がいじめに対応できるようになるとは思えません。

もっと責任を持って、こうやるべきだというものをバンと出してもいいように思えます。これでは、実際にどう動くかを明記せずに何か起こったときは、責任を現場に押し付けようとしているのではないかという疑いすら持ってしまいます。

それでは、現場では具体的にはどう対応しているのでしょう。

2012年7月19日に、テレビ朝日「モーニングバード！」で長野県富士見町立富士見中学校のいじめの解決に向けての取り組みを紹介していました。

富士見中学校では、いじめはあるという認識からスタートしており、授業後の7時間で解決する8つの対策を実践しているということでした。

ここでいう7時間とは、いじめの事実をつかんだ日の午後3時から夜の10時までを指しています。つまり、その日のうちに対応し、ある一定のところまで処理することを意味しています。

私は、以前に広島市の中心にある対教師暴力が頻繁に起きる生徒指導困難校に勤務していました。そこでは、通年で9年間、最後の3年間は、学年主任として中学校1年生だった生徒が3年生となり卒業するまで勤めました。日々起こる対教師暴力や喫煙、いじめ、不登校などの対応を迫られていました。そのときの経験の中で一番の教訓が、問題行動にはその日のうちに対応するというものでした。夜遅くなり苦情を受けようが、家庭訪問をすることになろうが、その日のうちに対応することが問題を解決する一番の近道だったのです。この経験により「スピーディーな対応」で生徒や親たちから有名になりました。

問題を起こした側でも暴力をした側でも、早く対応しなければ、余韻が冷めてしまうことが考えられるからです。やったほうは、やったことの重大さが薄れてしまいます。一方、やられたほうは、やられたことに対する恐怖心が強まっていきます。早く対応することで、やった側には、より事の重大さを、やられたほうには、安心感を与えられるはずです。

富士見中学校の実践は、7時間で対応することだけを言っているのではありません。次に示すような8つの対策を掲げています。

1. 情報源を守る
2. 先生たちがチームで対応

3. 加害者と1対1で対応
4. 情報交換、矛盾点の分析、事実を確認
5. 加害者に「いじめ事実」を認めさせる
6. 加害者に「泣くまで反省」を迫る
7. 被害者に対してすぐに謝らせない
8. 保護者を交えて事実の報告

この中で、まず重要なのがチームで対応するというところです。先生はチームを組むことで意見交換や状況のチェックが何度もできます。さらに、いじめというのは、複数で行われていることが非常に多いものです。その場合、チームで対応していると、1対1で事情を聞くことができます。事情は1対1で聞かなければいけません。ボス的な生徒に支配された部屋の雰囲気の中では事実は歪んでしまうからです。そして、丁寧に何度でも何度でも突き合わすことで加害者は事実を見つめ直すことにもなるわけです。

そして、次に、重要なのが、泣くまで反省させるということでしょう。実際に泣くかどうかは別にして、妥協しない姿勢を示すということだと思われます。被害者に対してすぐには謝らせないというのがとても有効でしょう。加害者は事情が明らかになるにつれて早くすっきりし

たいと思うようになり、十分に反省せずに謝って終わりとなる可能性が大いにあるわけです。

富士見中学校の先生は、インタビューに対してこう言いました。

「十分に反省してもらうために加害生徒には謝罪を3日から1週間待ってもらう」

以上のような指針を、具体的な指針というのではないでしょうか。

いじめと真に向き合うとは、加害者に対してたとえ相手が子どもであっても及び腰で対応してはいけないということであり、子どもであるならなおさら今の段階で徹底して反省を促すべきなのです。

それこそが、子どもに対しての本当の愛情であるとも私は思うのです。

いじめの対応のポイントは加害者だけでなく、学級や学年、学校という集団全体に「いじめがあった」という事実認識を持たせることを第一にすべきだと思います。個人間の問題とせず、集団の問題として取り組まなければなりません。

「あれは、遊んでいるだけ」と正当化して、集団の中に逃げることのないようにするのです。

個別対応と学級集団への指導を並行しなければいじめの芽はつみとることはできないのではないでしょうか。

大津いじめ自殺事件が教えてくれたもの

「いじめ防止対策推進法」は、「大津いじめ自殺事件」が誘引となって成立した法律です。誤解してほしくないのは、本書で取り上げたからといって、私はこの被害にあった生徒が発達障害であったと言っているわけではないということです。

いじめにおいて、発達障害のあるなしにかかわらず必要な対応は同じであると思っています。

前述したように、いじめ事件についての考え方や万が一わが子がいじめ事件の被害者となったとき、どのように考え行動したらいいのかを日頃から心に置いておくことは重要です。

いじめを受ける危険性が他の子どもたちよりも高い、発達障害のあるわが子と向き合っている親はなおさらです。さらに、多動性・衝動性のあるタイプであれば加害者の側になることも十分に考えられます。わが子を加害者にしないためにも持っておくべき知識です。

それでは、いじめ事件について解説していきます。

まずは、「大津いじめ事件」について検討します。

「大津いじめ自殺事件」は全国で繰り広げられているいじめ事件の典型例だと思うからです。

私の住む町や皆さんの住む町で起こっているいじめ事件も構造上は「大津いじめ自殺事件」と似ていると思っていいでしょう。したがって、いじめの問題については、「大津いじめ自殺事件」について理解することから考えてみるのがいいと思います。

「大津いじめ自殺事件」についての経緯を簡単に説明しておきます。

「大津いじめ自殺事件」は、２０１１年10月11日に滋賀県大津市立中学2年生の男子がいじめを苦に自殺にいたった事件です。自殺の前には、連日にわたって複数の同級生が体育館などで男子生徒の手足を鉢巻きなどで縛ったり、口を粘着テープでふさいだりして虐待を続けていました。被害者の家にも行き、財布を盗んだりもしていたそうです。その後、被害者は自宅マンションから飛び降り自殺にいたりました。

マスコミは、連日報道をし、大津市教育長と被害者の通っていた学校の校長が並んでいじめとの関連を問われ、いじめには気づいていなかったとか、知らなかったという回答をしているニュースを見た方も多かったのではないでしょうか。

当初、教育委員会と学校は、家庭環境の問題を指摘していました。

後に教育委員会と学校は態度を変えていじめの事実を認めるようになっていきます。滋賀県警察が、被害者への暴行容疑で大津市教育委員会と学校に強制捜査に入りました。そして、越直美市長は、市長の下に第三者調査委員会を設置して独自に調査に踏み込んだのです。

この調査委員会は、自殺の原因は同級生からのいじめであり、家庭環境にないと結論付けました。

大津事件では、当初、学校と教育委員会は、いじめはなかったものとして処理しようとし、生徒に対してのアンケート結果を公表しなかったり、アンケートの実施そのものを隠したりしていました。

大津事件以前も、このように学校内でいじめ隠しが行われたことがあったのではないかと思われます。

いじめ隠しは、子どもの側にも、親に心配をかけたくない、いじめられていることが知られるとかっこ悪いといった理由で隠していることもあります。

ですから、学校によるいじめ隠し、子どもによるいじめ隠し、それに教育委員会によるいじめ隠しといった三重構造を持つケースもあったのではないでしょうか。

解決に向けて重要なのは、いじめがあるという事実と、子ども、教師、行政、そして親や地域が向かい合うことこそが大切だと私は思います。

大津事件を経て制定された「いじめ防止対策推進法」は、現段階の日本におけるいじめに対する結論です。

この法律を理解した上でわが子を守ることが大切です。

まず重要なのは、「いじめ防止対策推進法」でいじめというのはどのような影響を子どもたちに与えるのかということを述べているところです。「第一条（目的）」の前半部分に「いじめが、いじめを受けた児童等の教育を受ける権利を著しく侵害し、その心身の健全な成長及び人格の形成に重大な影響を与えるのみならず、その生命又は身体に重大な危険を生じさせるおそれがあるもの」としています。

いじめというのは、人権侵害事項であるということを主張しているわけです。人権侵害である以上、個人として抗議するに値するという主張です。

次に、「第二条（定義）」でいじめを「児童等に対して、当該児童等が在籍する学校に在籍している等当該児童等と一定の人的関係にある他の児童等が行う心理的又は物理的な影響を与える行為（インターネットを通じて行われるものを含む。）であって、当該行為の対象となった児童等が心身の苦痛を感じているもの」としています。

何よりもここが大切であると私は考えています。

人間には耐性に違いがあって、よくいじめをしている側の話として出てくる「このぐらいはいじめだとは思わなかった」とか「これは、普通の遊びだよ」などという言い訳はできないといったことを意味しています。

その子どもが嫌だと思っていることはいじめになるのです。

以下、基本理念を述べて、義務であったり努力事項としていたりといった違いはありますが、国や地方公共団体、各学校に対していじめを防止するための基本方針の策定を「いじめ防止対策推進法」では求めています。

このような法律がなくても当然の内容ではありますが、法律として目的や定義が明確になった以上、不適切な対応を自分や身近な子どもたちがなされている場合の解決に向けての知識であり、ツールになるものと思われます。

いじめ問題の解決のために

これまで述べてきたように、いじめを発見することが何よりも重要です。そのためには「いじめのサイン」と呼ばれるいじめの兆候にいち早く気づき、対応する必要があります。広島県教育委員会のホームページには、次のようにいじめのサインが掲載されています（http://www.pref.hiroshima.lg.jp/site/kyouiku/18seitoshidou-ijime-ijime-4pointo.html）。教師だけでなく親や地域の大人は、このようなサインを知識として持ち、子どもを守らなければならないのではないでしょうか。

1．学校

【登下校時】

・理由もなく1人で朝早く登校する

・一緒に登下校する友人が違ってくる

・教職員と視線を合わさないようになる
・元気がなく浮かぬ顔をする。挨拶をしなくなる
・登校手段が変化する（自転車通学から徒歩に変わる）
・特に用事もない（と思われる）のに、教職員に近づいてくる

【朝の学級・ホームルーム活動、ショートホームルーム】
・体調不良（頭痛、腹痛、吐き気等）を訴える
・欠席、遅刻、早退の理由を明確に言わない
・提出物を忘れたり、期限に遅れたりする
・担任等教職員が教室に入室後、遅れて入室する
・表情が暗く、どことなく元気がない

【授業中】
・発言すると、嘲笑されたり、はやし立てられたりする
・授業道具等の忘れ物が目立つ
・決められた座席と違う場所に座っている

・周囲の状況に関らず、一人でじっとしている
・教科書、ノート等に落書きが目立つ
・他の児童生徒から発言を強要されたり、突然個人名が出されたりする
・球技の際にパスされなかったり、パスが集中したりする
・課題等を代わりにやらされる
・特定の児童生徒の机との距離を離す

【休憩時間・昼食時】
・ジュース、パン、菓子類を買いに行かされる
・一人でいることが多く、集団での行動を避けるようになる
・給食、弁当等を一人で食べることが多い
・お金や物品の受け渡しを行っていることがある
・遊びと称して、友達とふざけあっているが、表情が暗い

【帰りの学級・ホームルーム活動、ショートホームルーム、放課後】
・持ち物がなくなったり、提示した作品などにいたずらがある

・班ノートや学級（ホームルーム）日誌に何も書かなくなる
・みんなが帰宅する前に一人急いで帰宅したり、みんなが帰るまで帰宅したがらない
・靴や傘等が隠される
・教職員の近くから離れようとしない

2．家庭

【態度やしぐさ】
・家族との対話を避けるようになる
・受信した電子メールをこそこそ見たり、電話が鳴るとおびえたりする様子が見られる
・部屋に閉じこもり、考え事をしたり、家族とも食事をしたがらなかったりする
・感情の起伏が激しくなり、動物や物等に八つ当たりする
・帰りが遅くなったり、理由を言わず外出をしたりする
・用事もないのに、朝早く家を出る

【服装、身体・体調】
・衣服に汚れや破れが見られたり、手足や顔等にすり傷や打撲のあとがあったりする

・自分のものではない衣服（制服）を着ている
・学校に行きたくないと言い出したり、通学時間になると腹痛等身体の具合が悪くなったりする
・食欲不振、不眠を訴える

【学習】
・学習時間が減ったり、宿題や課題をしなくなったりする
・成績が低下する

【持ち物・金品】
・家庭から品物、お金がなくなる。あるいは、使途のはっきりしないお金を欲しがる
・持ち物がなくなったり、壊されたり、落書きがある

【交友関係】
・口数が少なくなり、学校や友達のことを話さなくなる
・無言等の不審な電話、発信者の特定できない電子メールがあったりする

・急に友達が変わる

皆さんは、この「いじめのサイン」を見てどう感じましたか。

子どもの苦しみや悲しみがひしひしと伝わってきたのではないでしょうか。

発達障害のある子どもだからといって、特別なサインがあるわけではありません。発達障害のある子どもたちに対して注意することは、いじめられていると発見したときに、自分の気持ちを表現することに苦手意識を持った子どもであることを認識して、ゆっくり何度も優しく、時には文字を書いて確認したり、写真を見せたり、絵にしたりして視覚支援をしながらコミュニケーションをとることです。

コミュニケーションの苦手な子どもたちです。いじめにあっていればなおさらコミュニケーションのとりづらい状況になっていることを前提に話し合わなければならないと考えます。

差別意識は親から伝播する

私は、映画をよく見に行くのですが、ちょっと前に見た『42　世界を変えた男』という映画に非常に感銘を受けました。これは、１９４７年に、大リーグで初めて黒人選手としてデビューした、ジャッキー・ロビンソンという実在の選手を描いた作品です。

私が一番印象に残っているシーン。それは、球場でロビンソンがヒットを打ったシーンです。白人の親子が観客席にいます。子どもは10歳ぐらいの少年です。その子どもは、ジャッキーのすばらしいヒットに目を見張りました。しかし、お父さんは他の観客と一緒になって、黒人を蔑む「ニガー」という差別的な言動を浴びせかけます。

次の瞬間、この10歳の男の子も怖い顔つきで「ニガー」と叫ぶのです。

このお父さんが、周りの差別的な言動に左右されずに、「すばらしいヒットだ。肌の色は関係ない。ロビンソンの才能と努力こそが重要なんだ。頑張れ、ロビンソン」と言っていたら、この10歳の男の子も違う反応をしていたでしょう。

繰り返しになりますが、差別というのは構造的なものであり個人的なものではありません。この例が、それを物語っています。お父さんに原因があるのではなく、このお父さんも黒人をニガーと呼ぶ環境の中でそれが当たり前のように育ち、差別意識が培われてきたのです。

そして、その差別意識が最も伝達されやすいのが親と子の関係です。親の影響は子に対しては絶大です。親によって子どもが構造化されていくと言っても過言ではありません。つまり、差別意識は親から伝播《でんぱ》するものなのです。

教育というと学校教育をイメージする人が多いのではないかと思います。しかし、もともとは教育の原点は家庭であり、家庭こそあらゆる教育の出発点となるのではないでしょうか。

親の差別的な意識が言動を通じて子どもに再生産されてしまう場合が少なくないと思われます。これを断ち切るためには、親が偏見を持たないことがまず重要です。そして、差別をしないという意志を子どもに示し、自ら差別を許さないという行動を見せなければ教育としての効果は期待できないのです。

これらのことを実行できるかというとなかなか困難かもしれません。しかし、世の中の差別的な意識というのは言動となって表に出るものなのです。だからこそ、親だけでなく私たち大人は、常日頃から差別や人権問題について自己啓発や自己研修により、人権感覚を磨いておかなければならないと思います。

親は、子どもの人権感覚を映す鏡です。常日頃からピカピカに磨いておかないと薄汚れた暗いものしか子どもには見えません。その子どもは、次の世代にこのうす汚れた暗いものを受け継いでいくことになるでしょう。自分が親である今こそ、鏡を磨き始めるときだと決意することが大切です。

親が差別と人権感覚について意識化することでしか、子どもへの差別意識の伝播を断ち切ることはできないのです。

行政や学校は、このことを重視して、人権問題の理解や啓発に取り組まなければならないのは言うまでもありません。

乗車拒否と発達障害

今から10年ほど前でしょうか。

私は、広島市の養護学校（今の特別支援学校）に勤めていました。今は、移転しており、その当時の場所に学校はありませんが、広島市のほぼ中央、広島市役所の近くにその学校はありました。

午後5時過ぎのことです。私は、職員がぼちぼち帰り始めた職員室で事務仕事をしていました。そこへ、私の担任している高等部2年生の母親が血相を変えて駆け込んできました。

「竹内先生、聞いてください。もう腹が立って、腹が立って仕方がありません」

母親は、真っ赤な顔をして怒りに打ちふるえています。その横で息子はぴょんぴょんと飛び跳ねていて落ち着きがありません。

私が、「どうしたのですか?」と尋ねるとこう言いました。

「市役所に用事があって息子と一緒に行った帰り、バス停まで歩いていると雨が降ってきて。そこへちょうどタクシーが通りかかったので乗ろうとしたら乗車拒否されたんですよ」

養護学校でタクシーを呼べば、乗車拒否されることはないだろうと学校に立ち寄ったということでした。そして、どこにも持っていきようのない怒りを30分ほど私に話したのでした。

高等部2年生の息子は、自閉症の生徒でした。身長は170センチぐらいで体重が100キロほどあり、大きな体をしていました。重度の知的障害があり、発語もなく「あーあー」や「うーうー」、時々「キー」と奇声を発していました。

季節は冬でしたがこだわりが強く、半ズボンを一年中はいていました。リボンのような紐を目の前でひらひらさせることが癖で、そのときも50センチぐらいの紐をひらひらさせて歩いていたそうです。さらに、いたる所でよくぴょんぴょん飛び跳ねていました。

乗車拒否は次のように起こりました。

お母さんと息子と手をつないで道端を歩いていたそうです。そこにタクシーが通りかかったのでお母さんは、手を上げてタクシーを止めました。タクシーは、通り過ぎてしまいましたが、2人に気づいてバックしてきました。近づくとタクシーの運転手は、わざわざ席から出てきて、じっと自閉症の息子をにらんだと言います。

そして、タクシーの運転手は、「別の車にしてくれ」といって、すぐに車を走らせていったそうです。

明らかに障害者だったことによる乗車拒否です。

車椅子のお客さんに対して、車椅子から座席への移動の介助を気持ちよく行った後、トランクを開けて車椅子を速やかにしまっているタクシーの運転手さんを見かけます。今日は、自閉症という運転手さんにはあまりなじみがないケースだったからなのかもしれませんが、しっかりとした国や会社の指導があればこのようなことはなかったのではないでしょうか。

一個人の責任ではなく、事業所全体の責任であり、監督する役所である国土交通省の行政責任も問われなければいけない重大な問題であるのです。

日本は、法治国家です。

『大辞林第3版』（三省堂）によると法治国家とは、「法により国家権力が行使される国家。国民の意志によって制定された法に基づいて国政の一切が行われ、国民の基本的人権の保障を原則とする。法治国」とあります。

そして、法律でも次のようなことが定められています。

道路運送法

（公衆の利便を阻害する行為の禁止等）

第三十条　一般旅客自動車運送事業者は、旅客に対し、不当な運送条件によることを求め、その他公衆の利便を阻害する行為をしてはならない。

2　一般旅客自動車運送事業者は、一般旅客自動車運送事業の健全な発達を阻害する結果を生ずるような競争をしてはならない。

3　一般旅客自動車運送事業者は、特定の旅客に対し、不当な差別的取扱いをしてはならない。

4　国土交通大臣は、前三項に規定する行為があるときは、一般旅客自動車運送事業者に対し、当該行為の停止又は変更を命ずることができる。

タクシーの運転手さんのとった行動は法律に触れる可能性があるのです。

今回の件に限らず、不当な差別で苦しんでいる方がいるのであれば、大切なのが、それに対抗できうるだけの実行可能な知識を本人や周りが持つことです。法律、条例など、何かしら守ってくれるものがあるからです。

知識を持っているものが勇気を導きだし、正義を貫き通せるのです。

差別を乗りこえる

２０１４年３月６日付の毎日新聞に「児童虐待：２万人超」という見出しで次のような記事が掲載されていました。

「全国の警察が２０１３年に虐待の疑いがあるとして児童相談所に通告した子どもの数は前年比31・８％増の２万１６０３人で、統計を取り始めた04年の22倍に上り、過去最多だったことが警察庁のまとめで分かった」とあります。また、通知を類型別に見ると、「『生まれてこなければよかった』との暴言を繰り返すなどの心理的虐待が全体の約６割を占め１万２３４４人、続いて身体的虐待6150人、食事を与えないなどの育児怠慢・拒否2960人だった」とあります。

私が虐待というテーマを取り扱うときに、いつも思い出す虐待事件があります。岡山市の事件でした。知的障害のある高等支援学校に通う1年の16歳の長女を裸にして、手足をビニール紐で縛って5時間にわたって風呂に立たせ放置したとして、37歳の母親が逮捕されたという事件です。長女は発見時、体重が27キロしかなかったそうです。

きちんとした統計があるわけではないのですが、男性と女性であれば、女性のほうが、同様に障害を持っている方のほうが、虐待を受けやすいように感じています。

児童虐待が2万人以上あるならば、1万人近く、いやそれ以上の障害者が被害にあっているかもしれません。また、同じく毎日新聞の2014年2月27日付の「いじめ：摘発1・5倍」という見出しの記事には、「全国の警察が把握した学校でのいじめを原因とする事件は前年比57％増の410件、摘発・補導された児童生徒は同41％増の724人で、いずれも大幅に増えた」とあります。

この記事で興味深いのは、警察がいじめた側が答えたいじめの主な原因や動機を分類していることです。この分類によると次のようになっています。

【腹いせ】
・いいこぶる、生意気21・7％
・よくうそをつく6・6％

【面白半分、からかい】
・力が弱い、無抵抗37％
・態度・動作が鈍い8・6％

【違和感】
・交わろうとしない2・1％
・転校生0・6％

この結果から私が感じるのは、発達障害の特性と重なるのではないかということです。

たとえば自閉症スペクトラム障害のある子どもの中には、時としていい子ぶったり生意気だったりするように見える場合が多く、社会性や対人関係に弱さがあり、人と交わろうとしないように見えるかもしれません。

ＬＤなどのケースだと運動協調性障害があれば、力が弱かったり、動作が鈍かったりするわけです。したがって発達障害者を含め、障害者はいじめを受けやすいという傾向があると思います。

知的障害のない発達障害者は、学校ならば通常の学級に在籍することが多いですし、大学へ進学する人、一般企業へ就職する人も多くいます。そのような場では、発達障害に対する理解や配慮があまりなく、被害者になりやすいのではないかと考えられます。

私の中で、差別は「自分の責任ではないのに自分が不利をこうむることである」と定義しています。そう考えていくと虐待にしてもいじめにしても被害者には責任がないにもかかわらず暴言や暴力、心理的圧迫、時には死にいたるような攻撃を受けている状況です。

さらに障害のある人の就職はない人に比べ厳しいことも多く、視覚に障害を持つ方々にとって、テレビなどに映し出される文字・数字や会議・集会などで配られる文章・ビラなどもまだ配慮が足りず、コミュニケーションがとりづらい状況です。同じような状況は、聴覚に障害を持つ方々にも当てはまります。

盲導犬、介助犬、聴導犬を拒否する公的な施設や公共交通機関さえあります。

これらもすべて私が言う差別の定義に当てはまります。

差別というのは、構造的なものであり、自分の責任でそうなっているのではない弱者に集中的におおいかぶさっているのを感じます。

しかし、この構造の中には、すべての人が存在しているのであり、いじめを今受けていないとしても、たまたま被差別の状況にすぎないということも忘れてはいけません。

昨日まで差別をしていた者が、今日は差別される側になる可能性をいつも持っているのです。したがって、差別をしたり、いじめたり、虐待をした人だけを責めても、本質的な解決にはなりません。

大切なのは、一人でも多くの人が差別の実態を知り、それが構造的問題であることを理解し、本質的な解決に向かっていくことです。

そのために「いじめ防止対策推進法」「児童虐待防止法」「障害者虐待防止法」があるのだと思います。

そうすれば差別に対する本質的な理解の輪がひろがり、連帯が生まれ、差別のない社会という光が見えてくるのだと思います。

第四章　愛着障害か、発達障害か

発達障害と間違われる愛着障害

これまで、発達障害について述べてきましたが、現れる症状がよく似ているために、発達障害と間違われやすいものがあります。それが愛着障害です。

愛着障害と発達障害は、全く別のものです。そもそも、発症の原因が異なります。

愛着障害は、発達障害のように先天性のものが原因ではなく、虐待や育児放棄など生まれたあとの環境や育ち方が大きく影響します。ですから、もともと発達障害があり、さらにそこに愛着障害が加わるケースもあり、その場合は、症状がより複雑化し、重症化していきます。

もともとの発達障害ということであれば早期発見し、たとえば「聞く力」が弱い場合には、それに対応した認知の方法をとることで、一定の成果が得られます。しかし、ここに愛着障害が加わると、認知の弱さへの対応が効果を生まないことがあります。

その場合、もっと根源的な乳児期の出来事や母親との関係性にまでさかのぼって対応を検討しなければうまくいきません。さらに、発達障害ならば生まれつきその特性は前面に表出しますが、ここに愛着障害が加わると、結婚前には出なかった症状が自分が母親になって初めて表出することもあります。たとえば、子どもを抱けなかったり、わが子を好きになれなかったりするのです。

発達障害と愛着障害は、子どもの頃だけでなく、成人してからも含めてその様相は、酷似しています。最近、発達障害という言葉が表面上広まってきているせいか、すぐに、発達障害であるというように決め付けてしまう傾向があります。

両方とも同じような対応で効果的な場合ありますが、全く違う対応をしなければいけない場合もあります。そして、その対応如何では、その人の後の人生に大きな影を落としてしまうことにもなりかねないのです。

そこで、この章では愛着障害とは何かを解説していきます。

愛着障害を知ることにより発達障害についての理解も深まるものと思われます。

まずは、愛着障害の歴史から見ていくことにしましょう。

ジョン・ボウルビーというイギリス出身の精神科医は、１９５０年代に第二次世界大戦後日本と同様に敗戦国であるイタリアにおける戦災孤児の調査をしました。

その調査で彼は、新生児が自分と最も親しい母親などと引き離された結果、発達の遅れや病気に対する抵抗力や免疫の低下、精神的な問題を多く抱えることを実証的に解明しました。イタリア同様に敗戦国である日本においても同じ状況であったのではないかとも思われます。

そして、それまでは施設などで育てられた子どもに起きる同じような症状をホスピタリズム（施設病）と呼ばれていましたがボウルビーはこれを、「母性的養育の剥奪」と名づけました。

愛着という言葉もボウルビーによるものです。

愛着とは、簡単に言うと母親が子どもを産んだときから見られる親子の絆のことです。人間以外にも親子の絆は見られますが、他の動物と比べて人間の子どもは、生理的に未熟な状態で生まれてきます。馬や牛の出産を間近に見学したことがあるのですが、馬や牛は生まれてすぐに立ち上がりました。しかし、人間の赤ちゃんが生まれてすぐに立ち上がることはありません。犬や猫の赤ちゃんは生まれてすぐに自分から母親のおっぱいを探して吸い付くことができますが人間は口まで持っていって一生懸命に促さなければおっぱいを飲んでくれません。人間の子どもは、大人の手厚い保護なしでは生きていけないようになっています。これをアドルフ・ポルトマン（Adolf Portmann）は「生理的早産」と呼んでいます。

生理的早産という形で生まれてきた人間の赤ちゃんは、知的能力や運動能力において未熟であり、自分から何もできないような存在なのです。人間の赤ちゃんが生き延びるためには、母親などの自分を保護してくれる対象の確保が不可欠です。「誰か僕（私）を助けてよ」と常に信号を送っているようなものです。

黙ってブスッとしていても誰も気がついてくれないし、自分を気遣ってくれません。そこで母親などの保護行動を引き出す手段として微笑みや発声などの①発信行動、注視や接近などの②定位行動、しがみついたり抱きついたりする③能動的身体接触行動があるのです。これらを愛着行動と言います。後に詳しく見ていきますが、これら①②③は発達障害がある場合には弱くなる行動です。したがって、この段階においても愛着障害からくるのか発達障害からくるのかの検討が必要になってくるのです。

さらにボウルビーは、愛着のワーキングモデルというものも提唱しました。それは、乳幼児期における保護者（母親もしくは母親に代わる者）との相互作用の中で形成される自己や他者に関する確信についてのモデルです。

赤ちゃんは、保護者に十分に世話をされ、声をかけられたり、かわいがられたりして育てられれば、自分は愛され、手助けしてもらえる価値のある存在なのだと確信するでしょう。しかし、十分な世話をされずに大切に扱われなければ、自分は愛される価値のない存在なのだと確信してしまうはずです。この確信がその後の人間関係に影響を強く及ぼします。

すなわち、保護者の手厚い保護によって自分が大切な存在であるという主観的確信を持ち、これにより他者や外的世界が自分の求めに応じてくれるような存在であるという主観的確信が持てるのだということを表しています。

メアリー・エインズワース（Mary Ainsworth）は、満1歳の乳児を実験室に入れて見知らぬ人に合わせて母親と引き離すことにより、赤ちゃんにストレスを与えるというなんともかわいそうな実験を行い、母親との分離と再会を観察して愛着を4つのタイプに分類しました。

Aタイプ（回避型）は、親と別れても泣いたり混乱したりすることがほとんどなく親とはかかわりなく行動するタイプで、母親が接近してきても逆に逃げていくような赤ちゃんです。

Bタイプ（安定型）は、初めての場所でも母親がいることにより安心しているタイプです。母親がいなくなれば活発に母親を探し出します。母親がいなくなればぐずったり泣いたりしますが母親が戻ればうれしそうに迎えて母親に近づいたり求めたりする赤ちゃんです。

Cタイプ（抵抗型）は、母親との分離に強い不安や抵抗を示し、母親が戻ってくれば積極的に接触を求めてくるが、機嫌は直らずに抵抗を示すというタイプで、アンビバレント群とも呼ばれるものです。

Dタイプ（無秩序型）は、上のA～Cのどれにも入らないような一貫性のないタイプです。

ポルトマンやボウルビー、エインズワースは、人間にとって愛情とはいかに大切なものであり、そして、いかに繊細ではかなく、いとも簡単に壊れてしまうものであることを明らかにしたかったのではないかと私は考えます。

それは、「母」という存在が、人間が人間らしく育つためにいかに重要かということにもつながります。

そこで、「お母さん頑張れ」と励ましたいのですが、母親がのしかかる責任の重さに苦しんでいるの姿を私は多く見てきています。特に発達障害を抱えた子どもを持つ母親は、身を粉にして頑張っています。これ以上、気安く頑張れとは言えません。それよりももっと「母親を大切にして、保護してほしい」と私は母親の周りの方々に訴えたいのです。

いまだに発達障害を子育てのせいにして両親を責める意見を耳にしますが、この意見も発達障害と愛着障害を混乱してとらえている例の一つと言えます。

これらの内容を基礎にして、愛着障害の定義や発達障害との違いを見ていくことにします。

発達障害は生育歴等を正確に把握して初めて正確な判断ができるものです。生育歴を正確に把握する作業というのは相当に困難な作業です。通常は母親などに聞きながら判断をするわけですが、虐待等の事実を母親自ら話すのは、母親がよほど自覚的であるか緊急的である場合に限られます。

まず、愛着障害というものがあることを頭の中に常に意識しておいてください。発達障害における対応において効果がない場合、発達障害ではなく愛着障害の事例だったと気づくことができるからです。

「発達障害とよく似ているけど、愛着障害かもしれない」と考えて対応したことによりいい結果を得たこともあります。

ヘネシー澄子著『子を愛せない母　母を拒否する子』（学習研究社）の中に愛着障害の症状

が書かれていますので引用・抜粋します。

【感情面として】

・孤独感、疎外感を持っている
・脳内の緊張が高く、いつもイライラしていて、抑制ができない
・一度泣き出したら、なかなか自分からは泣きやむことができない
・かんしゃくを起こしやすい
・人からムラッ気があるとか、怒りっぽいと見られる

【行動面として】

・愛そうとする親や権威のある人に攻撃的、挑発的である
・反社会的行動が目立つ
・破壊的行動をよくする
・衝動や欲求不満に自制がきかない
・食べ物を隠してためる、暴食、過度の偏食、じっと座って食べられない
・多動である

【思考面として】
・自分自身、人間関係、人生に否定的な考えを持っている
・自分に自信がない
・新しいことやリスクの多いことには挑戦できない
・忍耐力や集中力が低く、学習障がいが起きることも……

続いて人間関系、身体面、道徳・倫理面に現れる症状としては次のように紹介しています。

【人間関係として】
・人を信頼しない
・自分のまちがいや問題を人のせいにして責める
・不適当な感情反応を引き起こすので、同年配の友だちができない
・人の目を見ない、見られるのをいやがる

【身体面として】
・触られるのを激しくいやがる

・年齢相応な身体の発達が未熟で、小柄な子が多い
・自分に不注意で自傷的なので、けがをしやすい

【道徳・倫理面について】
・自分を悪い子だと思っている
・有名な悪人や犯罪者にあこがれる

発達障害のチェックリストと共通のものが多いことが分かると思います。特にＡＤＨＤ（注意欠陥多動性障害）の多動性や衝動性、自閉症の社会性、そして発達障害の二次障害である行為障害の破壊的な部分に共通しているところが多く、医師の診断や教師による判断において混乱するのがよく分かることと思います。

現在のところ、簡単に両者を見分けることは困難です。一度、発達障害と判断しても、後の対応により愛着障害と判断し直すこともあると考えたほうがいいでしょう。

虐待による発症

愛着障害の原因で代表的なものと言えるのが虐待です。最近メディアでも虐待が原因だと思

われる事件が多く報道されていますが、厚生労働省の調査によると、児童虐待相談対応件数は2013年の速報値で6万6807件。その数は上昇傾向にあります。

私も長い教師人生の中で、虐待を受けていた子どもたちにも何人とも出会ってきました。特に印象深いのが今から10年前、彼女が17歳の時に出会った久保田真理子さんです。

真理子さんは、瞳のきれいなきりっとした感じの少女でした。運動も得意で走るのも速く、手先も器用で裁縫なども得意でした。作業能力も高く、短時間でボタンをつけたり縫い物をしたりすることができました。しかし、人格が急変します。突然に顔つきがきつくなり、暴力的になり、あたりかまわず物を投げる、壁を蹴るといった行動が始まります。それはあたかも別の人格が乗り移ったかのようでした。

そんな真理子さんの学校生活最後の担任となったのが私だったのです。

彼女の側から言うと特別支援学校の高等部の3年になって学校生活の最後の最後に私と出会うことになったということになります。

一般的には、学校というところは4月1日に校内人事が発表されます。校内人事というのは、誰が何年何組の担任になるとか、生徒指導の担当になるとか、時間割を組む係になるとかという校内における人事のことです。現在の勤務校から他校へ転勤になる、校長、教頭に昇進するといったことは、2月、3月のもう少し早い時期に内示という形で、示されて新聞などにも発表される地域がほとんどだと思いますが、その転勤などを受けての校内人事というのは4月1日にやっと分かるものなのです。

しかし、私が真理子さんの担任になるというのは、早い時期から打診されていました。学校内で誰が彼女の担任になるかというのは、校内における最重点人事だったのです。それには理由があります。

私は担任になるまで彼女のことは知らなかったのですが、高等部2年生のときにいろいろな問題を起こしていました。2年生になるまでもいろいろな問題行動はありましたが、2年生のときに爆発したと言ってもいいでしょう。自分のいやなことがあると教室の椅子を蹴る、机を倒す、掲示物を壊すなど頻繁に行っていました。気に食わない生徒に対しては、怖い顔でにらみつけたり、「死ね」と言って恫喝したりしていました。授業中も教室に入らずに廊下で寝そべったり、グラウンドでサッカーボールを蹴って遊んだりとやりたい放題でした。誰の言うことも聞きません。周りの生徒だけでなく、先生の中でもかかわりを避けたい方もたくさんいたでしょう。ある意味しようがない状況と言えます。

知的障害対象の特別支援学校の高等部なので1学級は8人です。そのクラスは、軽度の知的障害のクラスでした。どの生徒も、自分で公共の交通機関を利用して移動したり、買い物なども普通にできたりするような自立度の高い生徒で構成されたクラスでした。通常の会話もよくできて、相手の気持ちもよく理解できる生徒ばかりでした。したがって、卒業後の進路は、一般就労を目指す生徒がほとんどでした。しかし、自閉症だったり、精神的な疾患があったりする生徒も在籍しているので、個別に配慮のいる生徒たちであることには違いありません。

高等部2年になったばかりの5月初めに問題が露呈します。真理子さん以外の保護者からの担任に対する指導力不足や不適切な対応についてのクレームという形で表に出てきたのです。

ある母親4人は、「久保田さんを別のクラスにしてください。久保田さんにうちの子が怯《おび》えて学校に行きたくないと言っています。担任の先生は、何の指導もしていないようです」とまずは教頭に訴えてきました。

「担任が何の指導もしていないはずがありません。確認します」

そう教頭は対応したのですが、「教頭先生は、担任をかばうのか」と母親たちのクレームのトーンは上がっていきました。

そして、校長のところに直談判に行きました。もちろん、担任を代えることはできずにそのままの状態で時は流れていきました。

夏休みが過ぎて2学期になり、さらにこの問題はこじれていきました。

当時、男性教諭の吉田先生と女性教諭の藤岡先生の2人でこの学級を担任していました。

荒れる真理子さんのことを男性教諭の吉田先生は、よく面倒を見ていました。話をよく聞いたり、一緒にサッカーなどをしたりして寄り添っていたのです。これを他の生徒は不信に見てしまったのです。ある女子生徒は、この吉田先生が真理子さんのことをひいきしていると見ました。ある男子生徒は、先生と生徒なのにあんなにくっついて話をしたり、サッカーを2人でしたりするのはおかしいしいけないことだと見たようでした。自閉症の生徒の中には、良いことと悪いことを白か黒で見てしまう生徒もいます。この生徒は家庭で、もう高校生なのだから男女が2人きりで、こそこそ話すのはよくないと教えられていました。だから、この吉田先生と真理子さんのとっている行動はよくないと強く認識してしまったのです。

それから、この自閉症の男子生徒は吉田先生を避けるようになります。後にこの頃のことをこの生徒が私に話してくれたことがあります。

「吉田先生は不潔だと思う」

こうしてこの生徒は、教室に入るのも拒否して別の教室で自習すると主張します。悪気は全くありません。母親にもこのことを報告します。

今度はこの母親が、校長に直接クレームをつけます。

「担任の先生と久保田さんがつき合っているそうですね」

こじれにこじれていきます。

こうなってくると担任のなすことすべてがクレームの対象となります。

2人の先生は、まじめな方でした。私は2人ともよく知っているので間違いありません。藤岡先生も吉田先生を助けるべく、3月までは歯を食いしばり、周りの先生の十分なサポートもないまま頑張りました。今の学校の状況は、自分の前の仕事で手一杯、他の教師がしんどいことを知っていても助けることができません。自分に向かってクレームが来たんじゃなくてよかったというのが本音のところかもしれません。

やがて、吉田先生は、40歳という若さで早期退職することになります。退任式にも出席されずに誰とも挨拶さえすることなく学校を去っていきました。藤岡先生も自信をなくしており、その学級をあと1年担任することなどできない状況は、誰が見ても明らかでした。そして、明くる年の定期異動で小学校に転勤していきました。特別支援学校での教育に情熱を傾け、最後までこの学校に骨を埋めたいとよく言っていた先生ですが、泣く泣くの決断でした。

そして、この学級を最後の1年間、誰が担任するかが最重要校内人事案件となったのです。

そこで当時、すでに発達障害の専門家としていろいろなところで講演などをしたり、新聞などで解説をしたりしていた私に担任要請がきたわけです。

生徒指導と発達障害の専門家と公言している以上、荒れたクラスを引き継ぐのが、当時の私の仕事みたいになっていました。

私は以前からどんな生徒を担任するときでも、うまくいくかどうかなどあまり考えたことがありません。なるようになるだろうくらいにしか考えません。だから、30年以上第一線でやってくることができたとも言えます。

校長が言いました。

「竹内さん、これが決まらないと他の人事が決まらないんだ。引き受けてくれないか」

「喜んでお引き受けしましょう」

即答です。

こうして、私は真理子さんと出会います。実際に引き受けてみると、毎日、いろいろなトラブルの連続で、どのように向き合おうかという手探りの状態が続きました。

彼女は、小学校2年のときに広島県の県北の山間部にあった実家から広島市にある児童養護施設に入所しています。

児童養護施設から学校に通っていました。ちなみに児童福祉法では、満18歳に満たないものを児童ということになっており、児童養護施設は18歳未満が対象です。したがって、真理子さんは高等部を卒業するまでこの児童養護施設から通学してきました。

私は何度も足を運んでいますが、この養護施設は、2歳の幼児から18歳までの少年（児童福祉法では少女も含めてこう呼ぶ）が5つのホームなどに分かれて暮らしていました。食事やテレビ鑑賞などの娯楽のために大きな食堂があり、きれいに片付いていました。6畳ぐらいの2人部屋が用意されており、そこで勉強をしたり睡眠をとったりしていました。

真理子さんは、小学校2年のときからここにいて、みんなのお姉さん的存在でした。入所している小さい子のこともよく面倒を見ていました。学校と施設で見せる表情には明らかな差があったのです。施設では暴れるようなことないようでした。

暴れないからいいと言っているのではありません。施設は最後の居場所、緊張して暮らしていると推測できました。学校では、自分を出せるのだと私は喜びすら覚えました。心の中で「学校で暴れなさい。施設でそんなに頑張っているのならせめて学校で好きにすればいい」とすら思ったのでした。

施設では、職員の方がホームごとに分かれて共に生活をしています。とても献身的に子どもたちの世話をしていました。

4月には花見、5月には新しく入った小さな子どもたちのために歓迎会を開いたりしていました。さらに6月には田植えをみんなでしたり、広島東洋カープのプロ野球の試合を見に行ったり。7月にはキャンプ、10月には運動会、2月には節分の豆まきなど1年を通じて施設の行事がありました。これらの行事が、さみしい子どもたちの心を癒やしているのだということを、真理子さんの担任となってからこれらの行事に参加させてもらって分かりました。

ここで話を元に戻しましょう。

真理子さんが、この施設に入所になった理由は母親からの虐待でした。

彼女の実家は、母親、祖母（母方）、姉2人、兄、真理子さんの6人家族でした。私が関係者から聞いた話によると当初は母、姉2人、兄、真理子さんの5人家族で、父親は真理子さんが生まれてすぐに死別しています。母親と暮らしていた家は、ゴミ屋敷のようになり母方の実家に住むようになったとのことでした。

虐待は、真理子さんが生まれてすぐに始まりました。

いわゆる児童虐待は次の4種類に分類されます。

それは、殴る、蹴る、激しく揺さぶる、やけどを負わすなどの「身体的虐待」、子どもへの性的行為、性的行為を見せるなどの「性的虐待」、食事を与えない、ひどく不潔にするなどの「ネグレクト」、言葉による脅し、無視、子どもの目の前で家族に対して暴力を振るうなどの「心理的虐待」の4種類です。

真理子さんの場合は、ネグレクトでした。

小学校の2年生の彼女は、お風呂にも入れてもらえない状況で見るからに汚れていて、においもひどかったと言います。食事も満足に与えられていない様子でやせ細っていて、体も小さくて小学校2年生には見えなかったようです。

小学校入学当初からたびたび学校から母親へ話をしたそうです。いろいろ気を遣っての対応だということは予想されます。やがて小学校の先生は、母親への直接の対応を断念し、地域の主任児童委員さんに相談をします。この主任児童委員さんがとても積極的な方で、母親を連日説得したり、児童相談所にたびたび相談したりして、真理子さんのために奔走されたそうです。そして、児童相談所を経て広島市の児童養護施設への入所が決定します。

広島市に来てから通った小学校の先生に当時のことを聞いたことがあります。

入所したての頃の真理子さんは、学校でも施設でも一言もしゃべらない女の子だったようです。泣くでもなく笑うでもなく、周りの子どもからいじめられたり、からかわれたりしても、常に無表情で、おねしょもしていたようです。

特に困ったのは、とにかく食事だったと言います。何も手をつけなかったそうです。箸さえ持たない。スプーンで口まで持っていくと少し食べる程度だったといいます。

小・中学校と通常学級で過ごしましたが、高校進学の際に知的障害者の療育手帳の一番軽い級のものを取得して、特別支援学校の高等部に進学してきました。

もともと、真理子さんに知的な遅れがあったかどうかは懐疑的です。軽度の遅れなのですが、17歳となった真理子さんには知的な遅れが認められます。

しかし、この生育歴を知れば知るほど虐待が原因であるところの愛着障害により、知的な遅れや多動性・衝動性が身についてしまったのではないかと思うようになりました。

愛着障害は、虐待が原因となっているもの以外にも、出産後の病気などで赤ちゃんと離れざるを得なかったなど、大人の側の事情が原因となるものもあります。母親が出産後に病死したり、入院したりして育児ができない場合、祖母が母親代わりとして赤ちゃんとの信頼関係を育てながら育児に専念することができれば問題はありません。しかし、大人の側の事情で、祖母から叔母、また別の叔母と転々と変わっていかざるを得ない場合もあります。たとえ、それぞれが献身的に愛情を注いでいったとしても、養育者が転々と代わったことにより、愛着障害になってしまうケースがあることも分かっています。

愛情の絶対的欠落を原因として起こる体の成長不良や栄養不良のため、身長、体重も発育不全となります。知的発達にも影響を与えるだけでなく、多動性・衝動性や不注意性といった脳の機能障害が起こることもあるのです。

また、愛情や関心を得るために窃盗、暴力、虚言などの問題行動として表面化することも多くあります。愛着障害は、子どものときだけに影響を及ぼすのではなく、生涯に渡って人生に暗い影を落とします。就職への不安、結婚への不安、子育てへの不安など、その人が乗りこえていくべき課題すべてに不安を与えるものなのです。

そのため、愛着障害のある母親が子どもに愛情を注ぐことができずに、虐待をし、またその子どもが愛着障害に……という負の連鎖が起きてしまう危険性があります。

そうならないためにも、愛着障害についての科学的認識をもち、母親となる前から子育てのイメージを持つことや母親の子育てを支援するシステムの構築を急ぐべきでしょう。

もちろん、虐待はその行為だけでも大きな問題ですが、愛着障害の原因であることも認識し、早急な対策をすべきだと考えます。

愛着障害の診断基準

それでは、愛着障害についての定義を明らかにしていきましょう。

愛着障害は、ＤＳＭ－Ⅳ－ＴＲにおいては「反応性愛着障害の診断基準」として出ています。次に引用しますが下位概念として「反応性愛着障害・抑制型」「反応性愛着障害・脱抑制型」の２種類があります。２０１３年５月に改訂されて、まもなく日本語版が発行される予定であるＤＳＭ－Ｖでは、「反応性愛着障害・抑制型」が「反応性愛着障害」に名称が変わり、「反応性愛着障害・脱抑制型」が「脱抑制性社会性障害（Disinhibited Social Engagement Disorder）」（筆者訳）に名称が変わる予定ですが中身に差はないことを付け加えておきます。

反応性愛着障害とはどういうものなのか、まずはその診断基準を紹介します。『ＤＳＭ－Ⅳ－ＴＲ　精神疾患の診断・統計マニュアル』（医学書院）。

A．5歳以前に始まり、ほとんどの状況において著しく障害され十分に発達していない対人関係で、以下の1．または2．によって示される。
1．対人的相互反応のほとんどで、発達的に適切な形で開始したり反応したりできないことが持続しており、それは過度に抑制された、非常に警戒した、または非常に両価的で矛盾した反応という形で明らかになる（例：子どもは世話人に対して接近、回避、および気楽にされることへの抵抗の混合で反応する、または固く緊張した警戒を示すかもしれない）。
2．拡散した愛着で、それは適切に選択的な愛着を示す能力の著しい欠如を伴う無分別な社交性という形で明らかになる（例：あまりよく知らない人に対しての過度のなれなれしさ、または愛着の対象人物選びにおける選択力の欠如）。
B．基準Aの障害は発達の遅れ（精神遅滞のような）のみではうまく説明されず、広汎性発達障害の診断基準も満たさない。
C．以下の少なくとも1つによって示される病的な療育：
1．安楽、刺激、および愛着に対する子供の基本的な情緒的欲求の持続的無視
2．子供の基本的な身体的欲求の無視
3．主要な世話人が繰り返し変わることによる、安定した愛着形成の阻害（例：養父母が頻繁に変わること）

D．基準Cにあげた養育が基準Aにあげた行動障害の原因であるとみなされる（例：基準Aにあげた障害が基準Cにあげた病的な養育に続いて始まった）。

愛着関係の崩壊というものは、正反対の出方をするため、反応性愛着障害は大きく2つに分けることができます。一つは、誰に対しても愛情を示さないタイプで終日警戒心を持って他人を見ているような出方です。診断基準でいうAの1がそれにあたり「反応性愛着障害・抑制型」と呼ばれています。もう一つは反対に誰彼となく見境なく愛着行動を示すタイプです。診断基準のAの2にあたり「反応性愛着障害・脱抑制型」と呼びます。

ここまで見てくると発達障害との区別のつきにくい理由が皆さんにも見えてくるのではないでしょうか。

「反応性愛着障害・抑制型」は、赤ちゃんの頃に虐待の中でもネグレクトすなわち育児拒否を受けたり、暴力的な虐待を受けたりした場合に見られます。その結果、愛着の回避状況、すなわち母親の愛を受け入れにくい状況が生じてきます。この愛着回避は、母親などに対して興味を示さなかったり視線を合わなせかったりするわけですから自閉症スペクトラム障害と見分けが非常につきにくいと思われます。

「反応性愛着障害・脱抑制型」は、不安定な養育者からの気まぐれな子育てや養育者がころころ変わったりしていることが原因となります。その結果、不安が強く、落ち着きのない状況や多動、衝動が目立つタイプです。したがって、ＡＤＨＤとの見分けが難しいわけです。

さらに「聞く」「話す」「読む」「書く」「計算する」「推論する」という学習する力にも愛着障害は影響を及ぼします。具体的には、人の話を聞かない、一切しゃべらない、文字を読もうとしない、字を書くことや計算問題への拒否、段階的な予想ができないというように現れます。これらの学習する力が十分に機能することを妨害するため、それらの学習する力を基礎として培っていく国語、算数など教科学習の力や運動能力にも影を落としていくのです。

前述しましたが、両方が重なっているケースもあります。

もともと生まれつきの脳の機能障害としての発達障害があった上に、生まれてすぐに虐待などを受けて愛着障害となったケースなどは、複雑に症状が絡み合っているので発達障害なのか、愛着障害なのかという区分け自体があまり意味をなさなくなります。

そして、ここで押さえておきたいのはもともとの発達障害があるということは、症状による育てにくさゆえに虐待を受けやすいのではないかと考えられるということです。

したがって、重なり合っている事例は、少ないケースなのではなくむしろ多いと考えたほうがいいのではないかと思うのです。

重要なのは、その子どもが発達障害なのか、愛着障害なのか、それとも複合されたものなのかという判断や診断ではありません。その子が何に困っているのかという実態把握こそ、できるだけ早期にすべきなのです。

そして、早期に対応しながら、その子への有効な支援を探ることになります。支援を探る中でその子どもの持つ困難さが発達障害からくるのか、愛着障害に起因するのかという検討をしていくというものでなければ、現実的な対応とはなりません。

共依存の恐怖

愛着障害のある人や愛着に問題を抱えている人というのは、乳幼児期に受けた不適切な対応を、小学校や中学校という子どもの時代にも引きずることになります。さらに高校、大学と青春時代にも影を落とします。就職すれば職場の人間関係にも、さらに結婚に際してもなかなか踏み切れなかったり、いざ結婚してからもうまくいかなかったりする原因となります。

愛着障害とどう向き合うのか。一つは発達障害と診断されたり発達の凸凹を持っていたりする場合は発達障害への対応を行うことは重要です。もう一つは、発達障害の裏に愛着の問題を抱えているケースが多いことを知った上で、愛着障害という視点も加味して対応することが重要であるということです。

今から愛着障害への対応について解説していきます。

愛着障害の診断基準を載せましたが、「反応性愛着障害・抑制型」のように人とのかかわりを避けて生きていくように見える生き方の場合にしても、「反応性愛着障害・脱抑制型」のように必要以上に人とかかわっていくような生き方の場合にしても、共通して言えるのは、周りの人を常に気にし、それに翻弄されて生きている姿です。

他人に気を遣いすぎて疲れてしまう。他人と話をしても食事をしても楽しめない。自分をさらけ出して気軽に付き合えない。周りが楽しそうにしていても自分はどこか冷めている。異性を好きになっても傷つくのが怖いので好きと言えない。それどころかついつい自分から嫌われるようなことをしてしまう。ありのままの自分を出して自然な形で相手の行為を受け取ることができない。自分自身に自信が持てなくて相手を試すようなことばかり言ってしまう。このような症状が見受けられるのです。

愛着障害への対応を考える上で「共依存」について理解することが重要なのではないかと私は考えています。

まず依存症について解説し、共依存との関係を述べてから愛着障害への対応について考えていきたいと思います。

依存とか依存症という言葉なら聞いたことがあるよという方がほとんどで、共依存という言葉はあまり耳馴染みがないかもしれません。

共依存の説明に入る前に依存症について説明します。

依存症というとアルコール依存症やニコチン依存症がポピュラーです。いつも禁煙を試みるのだけれどなかなかやめられないという方も少なくないのではないでしょうか。

それ以外にも買い物依存症、ギャンブル依存症、麻薬中毒患者なら薬物依存症になっているわけです。性依存症すなわちセックス中毒というのもあります。中毒も依存症を表す言葉です。

そもそも依存症とは何でしょう。

ＷＨＯ（世界保健機関）の診断基準を示した『ＩＣＤ－10精神および行動の障害　臨床記述と診断ガイドライン』（医学書院）によると、依存症を依存症候群として診断のガイドラインを示しています。紹介文中の【】で示されているのは、著者による解説部分です。難解な医学用語等を分かりやすく解説しました。

依存症候群　Dependence syndrome

ある物質あるいはある種の物質使用が、その人にとって以前にはより大きな価値をもっていた他の行動より、はるかに優先するようになる一群の生理的、行動的、認知的現象。依存症候群の中心となる記述的特徴は、精神作用物質（医学的に処方されたものであってもなくても）、アルコールあるいはタバコを使用したいという欲望（しばしば強く、時に抵抗できない）である。ある期間物質を禁断したあと再使用すると、非依存者よりも早くこの症候群の他の特徴が再出現するという証拠がある。

依存の確定診断は、通常過去1年間のある期間、次の項目のうち3つ以上がともに存在した場合にのみくだすべきである。

(a) 物質を摂取したいという強い欲望あるいは強迫感。

【物質という部分をアルコールと置き換えれば、アルコール依存症の診断のガイドラインとなります。タバコに置き換えればニコチンやタールなどタバコの依存症となります。ここでは、分かりやすくするためにアルコールに置き換えてアルコール依存症の診断のガイドラインとして理解していただければと思います。

アルコールを摂取したいという強い欲望とは、仕事が終わるのは5時だとすると3時くらいから仕事が終わったら酒が飲めるぞということばかり頭をよぎるような状態のことです。強い強迫感までいくと家に常にビールが1ケースないと気持ちが落ち着かずに3日に1回は、ビールの安い酒屋に行って常に家には1ケースのビールがあるようにしている人のことです。この人が、買い物が好きなまめな人かというとそうではありません。しかし、酒に関しては異様にまめになるという人のことです。私の知っている方は、酒が我慢できなくなって、焼酎をわざわざミネラルウォーターのペットボトルに移して事務所の机に置いておき、仕事中に飲んでいてその事務所をやめざるを得なくなったという方がいます。これなどは、まさに強い欲望と強迫感の例と言えるでしょう】

（b）物質使用の開始、終了、あるいは使用量に関して、その物質摂取行動を統制することが困難。

【物質をアルコールに置き換えると分かりやすいと思います。1週間に1日だけ休肝日といって酒を飲まない日を設けるように決意したとします。今日は、休肝日。酒を飲まないでおこうといってもそれができません。酒を飲んでしまいます。来週は、実行しようと思ってもできません。次の週も次の週も休肝日と決意はするのですが結局は破られてしまうようなケースです。

今日は、風邪気味なのでビール2缶にしておこうと事前に決めても結局はいつものように10缶近く開けてしまうようなケースです】

（c）物質使用を中止もしくは減量したときの生理学的離脱状態。その物質に特徴的な離脱症候群の出現や、離脱症状を軽減するか避ける意図で同じ物質（もしくは近縁の物質）を使用することが証拠となる。

【アルコールで言えば、お金がなくてお酒が買えない。結果として、アルコールを一切飲まずに禁酒と同じ状態となったときにアルコールの離脱状態となったと言います。アルコールから全く離れて飲酒を脱した状態のことです。離脱症候群が出現するとは、震え、痙攣、めまいなどの身体症状や不安、抑うつ、イライラ、睡眠障害などの心理的障害が出ることです。このような症状を抑えるためにも酒を飲んでしまうということです】

（d）はじめはより少量で得られたその精神作用物質の効果を得るために、使用量を増やさなければならないような耐性の証拠（この顕著な例はアルコールとアヘンの依存者に認められる。彼らは、耐性のない使用者には耐えられないか、あるいは致死的な量を毎日摂取することがある）。

【アルコールの例でいえば、練習すると酒に強くなるということです。同じ量では、だんだん酔えなくなり、日ごとに酒の量が増えてくるということです。アルコール依存でなければ、大体同じ量の酒で同じように酔ってしまうはずです】

（e）精神作用物質使用のために、それに代わる楽しみや興味を次第に無視するようになり、その物質を摂取せざるをえない時間や、その効果からの回復に要する時間が延長する。

【アルコールの例でいうと、アルコールを飲むことしか楽しみはないというようになるということです。映画を見る気もしない、買い物に行く気もしない、無理やり連れ出されても頭の中は早く帰って酒を飲みたいと思うようになります。酒を飲んでいる時間がだんだん長くなり一日中飲んでいるという感じになります】

（f）明らかに有害な結果が起きているにもかかわらず、依然として物質を使用する。たとえば、過度の飲酒による肝臓障害、ある期間物質を大量使用した結果としての抑うつ気分状態、薬物に関連した認知機能の障害などの害、使用者がその害の性質と大きさに実際に気づいていることを（予測にしろ）確定するよう努力しなければならない。

【有害な結果とは、肝臓障害など病気についての面と飲酒によるトラブルなど人間関係の害と仕事への弊害、家庭の崩壊、飲酒、暴力などの社会的な害など多方面にわたります】

精神作用物質使用のパターンの個人的な幅が狭くなることが特徴として記述されている（たとえば、適切な飲酒行動を求める社会的束縛を無視して、平日でも週末でも飲酒する傾向）。

精神作用物質を使用していること、あるいは特定の物質使用の欲求が存在することが依存症候群の本質的な特徴である。薬物使用への衝動に対する自覚は、物質の使用をやめようとしたり制御しようとするときに最も一般的に認められるものである。以下の場合はこの診断は除外される。たとえば、鎮痛のためにアヘン類薬剤を投与され、それが投与されないとアヘン類離脱状態の徴候を示すが、しかし薬物を使用し続けたいという欲求はもたない外科患者。

依存症候群は特別な物質（たとえば、タバコやジアゼパム）、ある種の物質（たとえば、アヘンおよびアヘン様物質）、あるいは広い範囲のさまざまな物質によって起こりうる（入手可能な薬物ならどのようなものでも使用したいという衝動を常に感じ、禁断の際には苦悩、激越、および／または離脱状態の身体的徴候を示す人びとにみられるように)。

以上が依存症候群についての解説部分です。これを読んで分かるように、依存症とは、すなわちある「物事」に依存し、それがないと身体的、精神的な平常が保てなくなる症状のことです。これに対して「人」に対して依存することを共依存と言います。のちほど詳しく述べますが、依存相手が「人」という場合、その「人」は依存者に対してやはり依存していなければ依存関係は存続しません。夫が妻に対して暴力を繰り返すような場合、妻に対する暴力が常態化しているその行為に、一種の快楽を感じているわけですが、妻の方も「私がいないと何もできない人なんです」と言いながら、離婚せずに婚姻関係を続けている。このような夫と妻は、相互に依存しているので、夫による妻への暴力が止まることはないのです。このような場合は、夫と妻の「共依存」関係にあると考えられます。

人同士の場合は、一方からだけの依存はありません。受け手がいるから送り手がいる。結局のところ、どちらが受け手でどちらが送り手か分からない。双方が相互に依存していなければ依存は成立しないことになります。したがって、人同士の場合は、「共依存」となるわけです。

気分上昇系快楽物質「ドーパミン」と気分抑制系快楽物質「GABA」

依存症について考えるには、快楽というのはどういう状態なのかについて知る必要があります。なぜなら、依存症となる発端は、気持ちよい何かがあったからに違いないのです。タバコでもアルコールでも気持ちよかったからはまったのです。気持ちよいということをもう少し専門的な用語でいうと快楽です。

気持ちよいすなわち快楽を味わうのはどういうときでしょうか。

一つはお祭りのときのような感覚のときです。興奮状態、今なら、アゲアゲな状態とでも言うのでしょうか。以前、成人式で20歳になった若者の暴れぶりが報道されていました。おそろいの羽織、袴で右手にタバコ、左手に一升瓶を持ち、大騒ぎなんていう感じだったと思います。決して1人でそのような行動には出ません。集団でお祭り騒ぎの状態で暴れるわけです。善悪はさておき、気持ちがいいのでしょう。快楽の一つの方向がこれです。興奮状態の快楽です。

この反対の性質を持つ快楽もあります。オルゴールのゆっくりしたシューベルトの子守唄でも聞きながらハンモックかなんかでゆっくり揺られてうつらうつらなんていうのも気持ちいい状態といえます。これが抑制状態の快楽です。

このように快楽には、興奮状態の快楽と抑制状態の快楽があります。興奮状態の快楽を起こす薬が気分上昇系の薬です。反対に抑制系の快楽を呼び込む薬が気分抑制系の薬です。

以上の基礎知識の上に、依存症のメカニズムについて解説していきます。キーとなる物質名は、「ドーパミン」と「GABA」です。

「ドーパミン」とは、脳内に快感を与える快楽物質の中でも興奮性伝達物質です。おいしいものを食べて「おいしい。生きていてよかった」と思った経験があると思います。

私の住む広島市には数多くのお好み焼き屋さんがあります。どの店もおいしいわけではありません。おいしい店は知っているので、いつも行っているおいしい店にしか行きません。

先日、仕事の関係で東広島市の西条というところへ行きました。日本三大酒どころの一つです。そこに「西条焼き」と看板にあるお好み焼き屋さんがありました。お好み焼きは広島市が本場と思っているのであまり期待せずにそのお店に入りました。これがうまいのです。なんとも上品で優しいお好み焼きなのです。なんでも酒どころ西条のおいしい酒粕を生地に混ぜているということでした。「うまい。幸せ」と思いました。それ以来、もう一度そのお好み焼きが食べたくて仕方がありません。脳にドーパミンが出た瞬間だったのです。

私たちは、日常的においしいものを食べて快感を得たいと思っています。そして、おいしいものを食べたとき、生きる意欲が湧き、生命を維持させるための強い意志を持つものです。

おいしいものを食べる時だけではなく、快感を得るチャンスはたくさんあります。スポーツですばらしい記録を出したり異性にもてたり、仕事でよい結果を出したりしたときなど、「生きてよかった」と感じた瞬間がドーパミンが出ているときです。オリンピックで水泳の金メダルを取ったとき、北島康介選手は、「チョー気持ちいい」と言っていましたね。これがドーパミンが出ている瞬間です。

しかし、このように快感を得ることを繰り返していくと脳内にはこれを抑える作用が働いていきます。そのときに脳内で作用する物質がGABAです。GABAは、抑制系伝達物質であり鎮静作用を及ぼす伝達物質です。ストレスに勝つチョコレートとしてGABA入りのチョコレートなどが発売されたこともあって、名前を聞いたことのある方もいるかもしれません。

このメカニズムによって、人間は、快感に対する「耐性」ができていき、より強い快感を求めることになります。

買い物やスポーツ、ゲーム、さらにセックス、暴力と続き、いじめや虐待なども快楽を伴えばドーパミン系の依存です。

これに対してアルコールやタバコ、睡眠薬など沈静化させるような働きをするのが、GABA系の依存となります。

何かにはまって、なかなかやめられなくなるというのは誰にでもあることです。しかし、ほどよくやめられる人とやめられなくなって自分を破滅させてしまう人といった違いが生まれます。

仕事や家族関係などに満足の状態にある人は、あまり依存症の状態にはなりません。それに対して仕事がうまくいっていない、職場の人間関係にストレスを感じているとか孤独感を常に持っているという場合に依存症になりやすいと言われています。これを「心の問題」と言う人がいますが、私はそうは思いません。

仕事がうまくいっていないとか職場の人間関係、孤独感といった感情の背景にはその人の発達の凸凹というような発達的課題や特性が大いに関係しているのだと思っています。したがって、早期に自覚したり、周りに気づいてもらったりして対応していくことが重要だと考えるのです。

依存する対象には、大きく3つのタイプがあります。

1つめは、アルコールやタバコ、薬物など物に依存するもの、2つめは、買い物、ギャンブル、セックス、携帯電話、ゲームなど行為に依存するものです。

そして3つめは、人に依存するというものです。

たとえば、親子での依存関係、友人同士の依存関係、恋愛での依存関係などがあります。

この「人に対する依存」を「共依存」と言います。

私のところにきた相談でDVに関するものというのが最近多くなってきています。よくあるのが妻はＤＶを受けてどうにかしたいと思っているが、「離婚」を促すと次のような言葉が返ってくるケースです。それは、「あの人（夫）は私がいないと何もできない人だから」とか、「私をすごく愛している裏返しの行動だと思う」といった言葉です。

夫は妻に依存しているのだけれども、実は妻も夫に依存しているということです。したがって、このようにお互いが依存し合う関係にあるので離婚はできません。したがって、ＤＶが繰り返されて解決にいたらないわけです。「共依存」という概念を理解して、自分の現実に当てはめて検討し、科学的認識を高めることで解決の糸口がつかめ、行動に移すことができます。

愛着障害のある人は、人間関係がすべて「共依存」関係になっていると私は考えます。したがって、この「共依存」関係を断ち切り、個人として自分や相手を見つめ直して関係性を再構築する必要があるのです。

愛着障害の本質は、愛情に対する不安です。自分は誰からも愛されていないという不安に満ちている状態です。そして、その代償として他人を必要以上に拒否したり、甘えたりするわけです。この共依存の状態を認識することが、愛着障害を克服する第一歩となります。

人間は、人との関係を形成するときに、大きく分けて２つの癖を持っています。一つは自由奔放に人と付き合うという癖。もう一つは、「こうでなければいけない」というような何かに囚われながら人と付き合うという癖です。これはどちらが良い、悪いという話ではありません。

自由奔放過ぎれば、「もっと他人の目を気にしろよ」と思われるでしょうし、常に完璧なものを求めてばかりいる人は、「少しは抜けているぐらいがいいんじゃない」と思われるものです。

共依存に陥らないためには、このような自分の癖を自覚することです。「こうでなければいけない」という癖が強いと、共依存になりやすいと言えます。自分の癖を自覚し、相手の立場や状況に応じて柔軟な対応について悩み努力することが大切です。

自覚に基づいて悩み努力して克服できたという成功体験を味わい次の糧とすることが大切です。これが、共依存を乗りこえる方法論です。

愛着障害の対応における10のポイント

前に紹介した真理子さんへの対応を例にとりながら愛着障害のある子どもとどのように向き合っていけばよいのかを説明していきます。

私は、障害の特性に応じた指導には次のように10のポイントがあると考えています。これは発達障害にも愛着障害にも言えることであり、またあらゆる特別な配慮の必要な子どもに対しても有効なポイントです。

すなわち、発達障害と愛着障害への対応の共通項です。この10のポイントを押さえながら、そこに愛着障害が見えてきたら、スキンシップや積極的な反応、共感的理解という視点を加えていくことが大切です。

1. 子どもの苦悩を「聞く」努力をする
2. 生育歴を詳しくつかむ
3. 小さな進歩を励まして褒める
4. 一緒に遊び、交わり方を学ぶように支援する
5. 支える友達をつくる支援をする
6. 楽しい集団活動をつくり、出番を与える
7. 民主的な集団をつくる
8. 保護者や他の教師との協力関係をつくる
9. 発達検査を行い、結果に基づいて特性に応じた対応をする
10. 科学的に分析された個人の特性を本人に伝える

実際には次のように取り組んでいきました。これら10のポイントはそれぞれ別個に存在するものではなく、相互に関連していることなので以下の一連の彼女との記述から読み取っていた

だければと思います。この10のポイントは、最終的には自立を促し、社会参加を目指すものということを頭に入れて読み進めてみてください。

真理子さんは、ほとんどしゃべらない生徒でした。いろいろな人と会話ができるということが、いかにすごいことなのかを彼女と付き合う中で分からせられた気がします。こちらが何かしゃべったとき、それに応じてくれる安心感があるからこそ会話はできるのです。こちらが何かをしゃべったときに反応がなかったり、強い叱責しか返ってこなかったりすれば、人間はしゃべらなくなって当然ではないでしょうか?

彼女は、幼少期に虐待にあい、小学校2年生から10年以上も施設で生活をしてきました。施設の職員たちが、一生懸命に優しくかかわってきたことは知っています。しかし、乳幼児期の大脳が柔らかく、可塑性の高い時期に受けた傷は、なかなか癒やされるものではないのです。

それまでの真理子さんを取り巻く先生方は、優しく真理子さんに話しかけたりしていたようです。

しかし、私はしゃべらないならしゃべらなくてもいいじゃないかと思っていました。

彼女は、こちらから言うことはしっかり聞いている生徒でした。それでいいじゃないかと思いました。あえて無理に話しかけるようなことはしなかったのです。たまたま、真理子さんと私が教室などで2人きりになったときなどは、教室中、静まり返っていました。

でも時々ボソッと何かを言うことがありました。そのときは、聞き逃すまいと必死です。何かの要求ならば、できることなら優先的に応じようと思っていました。たとえば「宿題のプリントほしい」などということを言うのです。後で分かったのですが、施設に帰ってからの時間はやることがないと手持ち無沙汰で過ごしにくかったのだそうです。

自分だけ部屋に帰って勝手に寝るのも集団生活の身にとっては難しいのでしょう。そこに宿題のプリントでもあるとちょうどいい暇つぶしでもあり、座って何かを書いていれば休憩にもなってよかったそうです。私は、その「宿題のプリントほしい」と言ったときはすぐにプリントを用意してあげました。それも、あまり頭を使わずにただ写すだけといったものを1日あたり20枚ぐらい用意しました。プリントを渡すと、「こんなにやらすの。先生鬼だね」と言いながらとてもうれしそうでした。

食事に関して言えば、人前でものを食べるのが難しい子どもでした。この食事、すなわちものを口に入れるという行為も実は相当の安心感の中でしか備わらないものなのだということも彼女と接して分かったことでした。

小さい頃からお腹が空けば、親が食事を用意してくれる。残せば食べなさいと言って勧めてくれる。おかわりと言えばすぐにおかわりをよそってくれる。そんな環境の中で人間は、安心して他人の前でもものを食べることができるようになるのです。

修学旅行では、宿泊先のホテルでの食事や大阪のユニバーサル・スタジオ・ジャパンでクラスごとに好きなレストランで食事をしたのですが、彼女は全く手をつけずに「先生あげる」と言って私にくれるのでした。毎日の給食でも自分のものをよく私にくれました。それも私の前まで丁寧に持ってきてくれます。

私は「ありがとう」と言ってお腹がいっぱいでも全部もらって食べました。真理子さんがあげると言って出したものを断ったり残したりしたら、拒否されたと思うんじゃないかと考えたからです。

学校で真理子さんが帰る前にこれ帰ってから食べなさいと言って、よくかばんの中にクッキーやチョコレートを他の生徒にはないしょでこっそり入れてあげていました。

「いつもたくさんくれるお返しだ」と言うとそのまま持って帰ってくれるのでそうしていました。

彼女は、こちらからの提案に対して何を言っても「いや」と言って拒否をしていました。それでも私はよくいろいろな行事などのリーダーを、命令口調でやらせていました。

「先生は鬼だ」と言いながらやってくれました。知的障害の特別支援学校では、生徒中心で学校外への買い物などを自由にやらせるといった取り組みは行わないのですが、真理子さんにはよくやらせていました。

事前に「調理の時間にクッキー作るぞ。買い物も自分らでやってもらうぞ」と言って真理子さんをリーダーとして話し合いを行い、実際に自分たちだけで買い物に行かせました。

無事帰ってくるか、予定通りに買ってこられるかなど内心どきどきでした。物陰に隠れながら尾行して真理子さんらが帰る前に先回りして学校に戻るなんていうこともやりました。日本テレビの「はじめてのおつかい」のようなものです。これも、帰ってきた真理子さんに「よくやった。すばらしい。やっぱり真理子さんは力がある」と褒めたいからです。

人間は、褒められることでしか自分は大丈夫という自信を身につけることはできません。褒められて自信を身につける体験を重ねることでしか自己肯定感を確立できないからです。

学級集団づくりという観点も大切にしました。子どもたちは、先生や親だけが育てるものではありません。同世代の友達とかかわることにより集団で生きる人間として成長するものであると考えています。その集団は、自然に任せておけば育つといった甘いものではありません。相当にきめ細かな指導が必要なものなのです。活動を仕掛けていかなければ指導はできません。

それは、あらゆる授業の中で行われるべきものです。それぞれの授業の中に集団の活動を組織しなければいけません。最初は崩壊していた学級に4月初めに私が導入したのは「学級の歌声」づくりでした。4月の始業式前に大きな歌詞カードを用意して最初の日にこう言いました。

「今日から歌を歌うぞ。いやと言っても絶対に歌うぞ。先生だけでも歌うぞ」

生徒たちの反応は「いや」でした。誰も声を出しませんでした。私は、押入れから昔使っていたギターを出して伴奏練習までして臨みました。

1学期の終わりまで結局、誰も歌ってくれませんでした。担任2人だけで頑張って歌っていましたが、クラスのみんなは黙って最後まで聞いていました。変化が起きたのは2学期の前の夏休み中の登校日でした。

真理子さんがボソッと言いました。

「2学期も歌やるん？」

「ジャニーズの嵐はだめ？」

『嵐よ、ありがとう』とそのとき私は、何度も心の中でつぶやき感謝しました。『嵐なら歌ってくれるんだ。やっぱり嵐はスゴイ』と思いました。

「嵐、いいね。何がいい？」というわけで、自分たちで嵐の曲「君のために僕がいる」を歌うことにしたのでした。

残りの夏休み、私は、ギターの特訓に明け暮れました。

この「学級の歌声」づくりへの挑戦が意味するものを説明します。

10のポイントでいうと、「4．一緒に遊び、交わり方を学ぶように支援する」「5．支える友達をつくる支援をする」「6．楽しい集団活動をつくり、出番を与える」。この3つのポイントの具体化となります。

歌を歌うというのは、実は相当に困難な取り組みです。誰かがヘタに歌っても、歌詞や音を間違えても、笑ったり馬鹿にしたりしない集団でなければ、子どもは歌を歌いません。

集団で合唱をするわけですから、周りに合わせることが必要になってきます。隣の友達が声を出すと信頼するから自分も声を出すのです。

これらの要素が揃い、合唱をすることで、学級集団に「安心」の風土が生み出されるのです。

そして、みんなで歌を歌うことが楽しい楽しい集団活動となることが、みんなで力を合わせて生きていくことへの小さくとも勇気ある一歩となるのだと私は思っています。

自分の得意分野を生かし社会へ

10月。そろそろ就職が決まる頃なのですが、真理子さんは、なかなか就職先が決まりません。作業能力は高いものを持っていてどこでもやっていける生徒なのですが、面接で何も答えない、肩で風を切って歩く、足を組んで座るといった態度が、ふてぶてしく感じられたのでしょう。ことごとく不採用です。

私は、真理子さんにＷＩＳＣ－Ⅳという知能検査を実施したいと思っていました。

ＷＩＳＣ－Ⅳは本来、知能を測定するために使われますが、人の認知の特性を分析するためにも使用できます。

私は、日々この検査をたくさんの子どもに実施しているので、真理子さんの作業能力の高さが検査により証明できると思っていたのです。数値として提示して彼女にも自信を持ってほしいと思っていました。併せて真理子さんの衝動性についても分かるのではないかという目論見もありました。衝動性があることを自覚することにより、自分をコントロールしようとするきっかけになるのではないかと考えていたのです。

「検査してあげようか？　真理子さんの得意、不得意が分かるぞ。今ならただでやってあげるよ」

彼女は、施設などであらゆる検査を拒絶してきましたが、このときは快くやると返事をくれました。

以下に、そのときの結果に基づいて私が書いたプロフィールを載せます。このプロフィールは、真理子さんの特性についての記述であり、支援者に手渡しして支援の参考にしてもらうものです。真理子さんには、このプロフィールを分かりやすくまとめ直して手紙として渡しました。

プロフィール
（主訴）
・虐待により小学校2年次より施設入所
・現在、特別支援学校高等部3年
・小学校5年時までしゃべることは少なかった
・食事も自分からとることはなかった。施設指導員がスプーンで口まで食べ物を運んでいた
・入所後、明るさを取り戻し自分から食事をとるようになったが、飲食店などで食べ物を口にすることはない。自分から雑談等会話を楽しむこともない
・高等部2年次、学級で暴言、暴力等の荒れを見せるようになった
・授業に出ない。椅子を蹴るなどの行動で他の級友を怯えさせるようなことも見られた
・教師の問いかけに対しては、「いや」「うちは、やらんよ（私は、やりません）」という返事が常時返ってくる

結果は、全検査（ＦＳＩＱ）の値が48でした。ＦＳＩＱとは全般的な知的水準を表すも

のです。この48という数値ですが、18歳の平均的な人間の知的水準の48%にあたる知的水準を持っているととらえます。すなわち、

18（歳）×0・48（48%）＝8・64（歳）

となり、8歳から9歳の知的水準を持っているととらえます。

この値を精神年齢と言います。

生年月日から計算した通常私たちが使っている年齢を生活年齢と言い、真理子さんは、生活年齢18歳、精神年齢が8～9歳ということになります。

このアンバランスからさまざまな課題は起きてきます。

言語理解（VCI）は49でしたが、実際は、測定不能でした。

「うしというのは何ですか？」や「感謝するというのはどういう意味ですか？」という言語による問いかけに対して答えることはできませんでした。

頭をかいたり、手足が動いたりしていらいらしている様子が見て取れました。

真理子さんの最大の弱さは、「言語操作能力」です。

「言語操作能力」は読む力、書く力、聞く力、話す力によって構成されています。つまり、言語操作能力が弱いというのは次のことを意味します。

・読む力が弱い……文章の意味が分からない
・書く力が弱い……文章が書けない（文字が書けないと文章が書けないは別物です。真理子さんは、文章が書けなくても文字は書けるわけです。それも美しく）
・聞く力が弱い……聞いたことが理解できない
・話す力が弱い……上手に話がまとまらない

そして、彼女は、単語の意味理解、言語を介しての物事の類似性や相違性の把握などをする力に大きな弱さを持っています。

会話ができないのは、単語の意味理解に自信がないために自由に言語を使えないためと推察できます。

言語の獲得に重要な時期、幼児期や小学校低学年児に母親や母親に代わるものからの問いかけが極端に少なかったのがその原因と推察しました。

言語獲得と近い関係にあるのが食事の問題です。乳幼児期のおける親または親に代わるものとの関係が重要であるという点で同様の原因により食事に対する不安感が出てきていると思われます。

この言語操作能力の弱さが、暴言や暴力による反応の原因でしょう。口より先に手が出てしまうのです。これは、ＡＤＨＤのような衝動性によると言うよりは、言語理解の弱さが原因です。

以上のことから、真理子さんに対するコミュニケーションのとり方は以下の３つが考えられます。

・短文で簡潔に指示を出す。
・結論を言う。
・視覚支援が有効です。文字情報より写真や絵カードが有効な可能性があります。

次に知覚推理（ＰＲＩ）ですが56でした。

真理子さんにとって、比較的高い能力を示すのはこの知覚推理能力です。特に、積木模様の検査では、非常に高い値が出ました。知覚推理能力の中には次のような力が含まれます。

・視覚認知力……直線に等間隔で縫うことができる、細かい模様を描くことができるなどはこの力

・空間認知力……運動やパズルなどを解いたりするときはこの力を使う

ワーキングメモリー（ＷＭＩ）は54です。

ワーキングメモリーとは数唱などで測定できるといった、聴覚的な記憶力です。これは、真理子さんの弱点です。よって、端的な指示でないと把握できません。カード類による視覚支援が有効です。

一方で、処理速度（ＰＳＩ）73という値を示しました。真理子さんの最大の強さは、この処理速度です。処理能力とは決まった時間に仕事を終わらせることができる能力で具体的には次のような能力が当てはまります。

・手先の巧緻《こうち》性（折り紙やきれいな字を書く）

・粗大運動能力（目的に合った運動を効率よくする）

作業などで仕事をどんどんこなす中でコミュニケーションをとるなどして語彙《ごい》や意思疎通の学習をするのがいいでしょう。作業をさせる中で自信をつけさせるのがよい生徒なのです。

しかし、残念ながら現在高等部3年生です。せめてもう1年あればよかったと思います。

これらの結果を鑑みて私は総合的知見として次のようなことを書きました。


久保田真理子さんの最大の課題は、「言語操作能力の獲得」、これにより暴言、暴力などもなくなると思われます。

この生徒の視覚認知優位性や処理速度の速さから考えると、絵や写真の豊富にある分かりやすい本を読ませて感想を文字で書かせるという取り組みが有効です。しかし、18歳となる現在、それをさせることは困難かもしれません。

やはり、もっと早くにさせたかったと思います。

小学校高学年か中学時代からこの取り組みをさせていれば、違う18歳の久保田真理子さんになっていたかもしれません。

このプロフィールは、真理子さんが生活する児童養護施設の職員の皆さんにも手渡し、真理子さんへの対応についての助言をしました。福祉施設との連携を図ろうとしたわけです。

職員の皆さんは、とても感謝してくれました。

「このプロフィールは、真理子さんのことをよくとらえています。今まで自分たちがやってきたことは間違ってはいなかったと安心できました。これからも自信を持ってかかわることができます」という言葉をいただきました。

それからというもの、福祉施設との連携もとても密になりました。

発達障害や愛着障害の対応において、福祉施設や医療機関との連携は不可欠です。しかし、教育機関、福祉機関、医療機関の壁はいまだに厚くなかなか難しいのも事実です。学校からの情報提供や指導助言からスタートするのがいいのではないでしょうか。

学校という現場が、子どもの日頃の生の様子を一番つかんでいます。学校を中心に置き、さまざまな機関と連携をとるという形がやりやすいのではないでしょうか。

この結果をもとに真理子さんに手紙を渡し面接を行いました。

手紙には、「知的レベルが9歳であるということは、640個の漢字を使いこなせ、分数や小数の計算も理解できること」「会話ができないのは、単語の意味理解に自信がないために自由に言語を使えないと推測できるが、簡単な絵本などを時間があるときにゆっくり声に出して読めば必ず、言語能力は高まる」というように結果だけでなく、アドバイスを付け加えました。そして、総合的知見として「工場などでの作業の仕事に向いています。丁寧であり、正確なので食品加工なども大丈夫です。しゃべらなくたって、真理子さんぐらいの作業能力があれば、周りの人は認めてくれます。安心してください。胸を張って生きていってください」と最後に書き添えました。

手紙を手渡して、私はあえて淡々とした口調で結果を説明しました。

対人関係に敏感な真理子さんです。気を遣って適当なことを言ってごまかそうとしていると受け取られないようにしました。実際に良いところも悪いところも隠さずに伝えています。人には、誰にでも必ず良いところがあります。そこを正確に伝えればいいのです。そして、悪いところを伝えることを恐れないでください。自分を見つめる手助けをしている以上、検査者の使命だと思います。そして、目指すのは障害を乗りこえる勇気を与えることです。それは、未来の可能性を伝えることではないでしょうか。

今回の真理子さんの件を見て、ＷＩＳＣをまた一つ見直すきっかけになりました。この一つひとつの数字に真理子さんの今までの人生と将来の希望が見えてくるようでした。

後々実感することになるのですが、この面接以降真理子さんは自信を持って生き、落ち着いた様子で学校生活を送るようになりました。

そして、地元に近い、大きな水産加工の食品工場に就職することができたのです。面接では、やはりあまり話すことはできませんでしたが、実際の作業実習ではそのスピードと正確さに工場長をはじめ従業員の皆さんが驚いたほどです。

面接に同行した就職の担当の教員もこのＷＩＳＣの結果を知っているので自信を持って相手の担当者に推薦できたと言っていました。

他人から何を言われようが何度言われようが、人間は変わりません。

自分で自分を見つめたとき、自分で自分の弱さに気づいたとき、そして自分で自分の強さを確認できたとき、人間は変わろうとします。そういったときに、このような検査は非常にいいきっかけになるのではないでしょうか。

しかし、ただ1人で検査を行い、自分だけで自分の弱さや自分の強さを客観的に確認するのは非常に難しいことです。

そこで、寄り添う人間が必要なのです。それは、親だったり、学校の先生だったり、施設の職員だったり、医師だったりするかもしれません。寄り添う人間は、ここに書かれたような知識を持つことが必要です。

そして、愛着障害や発達障害のある人を支援していると、「助ける－助けられる」という関係ではなくて「助けることにより助けられている」「助けられることにより助けている」という相互に高め合っていく関係であることにやがて気づくことでしょう。

今、真理子さんとの関係を思い返してみると、指導の面ではなかなか難しい生徒ではあったけど、最後のところでは、私の言うことを聞いてくれていたとしみじみ思います。

当時、私は、自分も経験を積み、指導力がついてきたんだと自負していましたが、そんなことはなかったのです。

私が助けているのではなく、真理子さんが私をもり立てて助けてくれていたのではないかと感じています。今、盛んに叫ばれている共生社会や多様性を尊重する社会というのは、誰が助けて、誰かが助けられているという境目がなくなり、人々が皆、相手のことを大切に思い、できることをやっていける社会ということなのではないでしょうか。

そのような社会をつくるためのチャレンジをこれから私は始めていこうと思っています。

このチャレンジは、具体的な3つの夢で構成されいます。

1つめは、「障害によるさまざまな違いを個性と理解する」ための知識をすべての市民が持つ夢です。2つめは「その個性は支援の必要な個性として尊重する」ための勇気をすべての市民が持つ夢です。

3つめは、「教師は、教育的視点から」「公務員は、行政的視点から」「医師は医療的視点から」といったように「それぞれの専門分野（市民それぞれの得意なこと）の視点から支援をする」という夢です。

この3つの夢が実現したとき、誰もが幸せを感じる社会になっているのではないかと思っています。

第五章　発達障害における恋愛の重要性

恋愛が発達障害に与える影響

ここまで見てきたように、発達障害の症状が他人とのコミュニケーションに影響を及ぼすことは多いようです。しかし、他人とのコミュニケーションをとる経験を積み重ねていくことで、その症状は徐々に和らいでいくのではないかと思っています。特に思春期以降、生活する範囲は拡大し、友人をはじめ色々な人との交流も活発になり、そのような経験の場も多くなってくるでしょう。何より、ちょうどこの時期に性が成熟し異性に対する興味・関心が高まります。そして、誰かに恋をするということもあるでしょう。私は恋愛こそが他者とのコミュニケーションを認識し、その能力を飛躍的に高める可能性を持っていると思っています。

だからこそ、発達障害と恋愛の関係を世の中の多くの方々に考えてほしいのです。それは、一部の障害を持った人々の恋愛問題ではなく、実は我々すべての人間における恋愛や愛と性の問題につながるからです。発達障害と恋愛の関係を検討することにより、すべての人間にとっての恋愛と性の問題が見えてくると言っても過言ではないと思っています。特に、自閉症スペクトラム障害と初恋については、重要な懸案事項です。

ここでいう初恋というのは、幼稚園に通う男の子が担任の女性の先生を好きになるといったような、自分に優しくしてくれる人に好意を持つといった類いの自己中心的な恋愛感情とは異なります。

思春期以降の男性、女性といったリアルな性愛の感情としての初恋を指します。ある程度の性的対象としての感情を含んでいることを意味していると考えてください。

発達障害の中でも自閉症スペクトラム障害の特性のある人に多くの恋愛問題が起こる傾向があります。それも初恋で起こることが多いのです。

誰にとっても初恋は重要ですが、発達障害のある人たちにとって男女を問わず、初恋というのは重要さにおいて比べものにならないぐらいに大きな出来事なのです。

読んで字のごとく初恋というのは初めての恋のことです。対人関係に弱さを持っている自閉症スペクトラム障害の青年にとって初めての感情に伴う初めての体験の良し悪しが、後の人生に大きな影響を及ぼします。初恋が一生の傷となることも少なくありません。結婚できない原因が初恋での傷という例も多くありました。

ここでいう良し悪しとは初恋がうまくいったかどうかを意味しているのではありません。思い出となったとき、自分の糧となるのかということです。たとえうまくいかなくても、淡いい思い出となればそれはいい経験となります。

私が言いたいのは、その経験で自分のことを自分で愛せるかどうかが問題であるということです。あのときの自分は頑張ったとかまじめに相手のことを思った。そして、結果は振られたけど相手が自分のことを気遣い、大切にしてくれたという思い出を持つということが大切なのです。これなら傷とはならず、生きる力となるでしょう。

皆さんも自分の初恋を思い出してみてください。好きになった相手に自分の思いをどう伝えようかといろいろと悩んだのではないでしょうか。

今ならばスマートフォンで「LINE」を使ってとなるのでしょうか。私の中学時代は70年代なので、赤い公衆電話（自分の家からはかけたくなかった）でダイヤルを回す。最後のひと桁のところで、受話器を置き、ドキドキする胸を押さえながら家に帰る。これを何十回も繰り返し、やっと電話をかけたと思ったら、相手のお父さんが出て、慌てて電話を切る。

やっぱりラブレターにしようと思ってもどう書いていいか分からないので、本屋で、「手紙の書き方」の本を買ってきて、一夜漬けで書いたのだけどなかなかそれも出せない。

このやきもきした経験というのが、後々、すばらしい思い出となったのです。

発達障害を抱えた人たちにとっては、自分を見つめる、そして大好きな彼女（彼氏）という他人の気持ちを推測するまたとないチャンスにもなります。後ほど詳しく説明しますが、もちろん相手しだいでは、大きく傷ついてしまう可能性もありますが、総じて、非常にすばらしい経験となるはずです。

しかし、初恋で心に傷を負ってしまう原因になりやすい自閉症スペクトラム障害は、その中核部分に「社会性、コミュニケーション、想像力」という人間関係に深く関係する障害があります。そしてそのことが恋愛にもさまざまな影響を及ぼします。

次に述べることとは、統計をとって検証をしたものではありませんが、いくつも寄せられる相談から私が実感として抱いていることです。現在、数量的な研究に入っていますので、近い将来報告できると思います。

私の経験上、自閉症の青少年は、かなり年上の女性に初恋を抱くケースが多く見られます。男女問わずその傾向が見られますが、男性と女性では年齢差に違いがあるようです。

自閉症の男性の場合、5歳や6歳というレベルではなく、20歳から30歳上という母親ぐらいの年齢の女性に恋心を抱くケースをたくさん見てきました。

自閉症の女性では、自閉症の男性とは違い、20歳も30歳も離れた父親のような相手というより10歳ぐらい上のお兄さんと、といった感じでしょうか。もちろん、年齢差がある場合もありますが、自閉症の男性ほど顕著ではないようです。

自閉症スペクトラムを抱えた男の子の恋

それでは、実例を踏まえて、考えていくことにします。

今から7、8年ほど前の話になります。

青木くんは、当時、私の勤務していた養護学校（現在の特別支援学校）の高等部3年生でした。年齢は17歳、身長は175センチほど。少し痩せている、すらっとした感じの青年で、顔もジャニーズ系のイケメンです。地域のスポーツクラブに所属していて、なかなかのスポーツマンでした。

まず、彼の人柄を知ってもらうために、彼の人となりから話を始めたいと思います。

私との関係は養護学校の高等部に入学する前の中学生時代にさかのぼります。当時、私は教師としての学校勤務の傍ら、ボランティアとして地域のスポーツクラブで自閉症の子どもたちに水泳を教えていました。そこに入ってきたのが中学1年生の青木くんでした。

青木くんは野球が大好きで、広島っ子ですからもちろん広島東洋カープの大ファンでした。中学1年生のときから高等部3年生まで、いつもカープの帽子をかぶって外出していました。

青木くんはカープの選手の中でも黒田博樹投手（当時のエース、現在メジャーリーグで活躍中）の大ファンで、学校に黒田投手のユニフォームを置き、休憩時間は、そのユニフォームを身につけ、野球をして遊ぶのです。日頃の会話も野球の話ばかりで、黒田投手の基礎データは完璧に暗記しています。たとえば、「2000年9勝6奪三振116、2001年12勝8敗奪三振146、2002年10勝10敗奪三振144……2006年13勝6敗奪三振144……」という感じです。

そんな彼のＩＱは65で、軽度の知的な遅れがありました。実態を簡単に述べると次のようになります。

・着替えやトイレなど身辺処理は自分ででき、状況に応じた配慮がある程度はできる
・日常会話もできるが込み入った話は難しい
・簡単な読み書き、金銭の計算、時間の計算はできる。小学校5、6年生程度の学力を持っている
・職業生活は可能である

実際に青木くんは、高等部卒業後、スーパーマーケットで商品を並べたりパッケージにシールを張ったりする仕事をしています。現在も休むことなく、まじめにこつこつと仕事を続けているのです。水泳も続けていて、マスターズの大会に出場しています。

学校卒業後、自動車の免許を取ろうとして自動車学校にも入学しました。知的に遅れのある場合、自動車免許を取る人はなかなかいません。しかし、軽度であれば取得することは可能です。私は、特別支援学校にかれこれ10年にわたって勤務しましたが、卒業生で2人取得しています。その1人が、青木くんです。運動神経抜群の青木くんです。実技は、比較的スムーズに合格しましたが、筆記試験がなかなか合格できませんでした。38回不合格、39回目に合格して

気がします。

免許を手に入れました。免許を見せに私のところに来た青木くんにその話を聞いて、私は感動で涙が出てきました。人間、その気になって頑張れば何とかなるものだと彼から学んだような気がします。

さて、私が青木くんの担任となったのには、理由がありました。それは、前年の修学旅行でのことでした。修学旅行では、夜、男子生徒の部屋で反省会を行うことになっていました。当然、同じクラスの女子生徒が、男子生徒の部屋にやってきます。青木くんは、これをおかしいと思いました。

「女子が、夜に男子に部屋に来るなんてあり得ない」と思ったのです。

そして、そのときの担任の先生に訴えます。

「夜に女子が男子の部屋に来るのはおかしいのではないですか」

担任の先生は、この意見を否定しました。

「修学旅行のしおりに反省会は男子の部屋ですするとなっているだろう。おかしくない」

しかし、青木くんは、譲りません。

「男子と女子が同じ部屋で夜にいるのはおかしい」

青木くんは、クラスの反省会への参加を拒否します。

青木くんは修学旅行から帰ると、母親に男子の部屋で行われた反省会の一件について、自分は参加を拒否したことを伝えます。

これを聞いた母親は、明くる日に学校に抗議します。

何より担任が、些細なことだと、この件について親になんら報告もせずにいたことに腹を立てたのです。日頃からこの担任に不満を持っていた母親は、報告がないなんて信じられないと、それからたびたび学校に来て校長や教頭に担任を代えるよう要求しました。

そうした経緯があったため、青木くんが3年生になったとき、2年からの持ち上がりではなく、新たに担任を決めなければいけなくなりました。青木くんの母親への対応等も配慮して、以前からの知り合いである私に依頼があったのです。

もちろん、私は引き受けました。

青木くんの母親とも中学1年生のときの水泳教室以来の再会となりました。

私をよく知っているということもあってか、高等部3年生となった青木くんも母親も落ち着いて、快く私の指導を受けてくれました。

指導のかいがあってか、就職に向けての実習も10月に終えて、順調に内定をもらうことができたのです。

さて、そろそろそんな青木くんの初恋の話を始めたいと思います。

自閉症スペクトラム障害を持つ青木一郎くんの初恋の相手は、57歳の学校の先生でした。

私が勤めていた学校は、複数担任制をとっており、57歳の女性の山田先生と2人で青木くんのいるクラスを受け持つことになりました。自閉症の生徒ばかりで8人のクラスでした。

この山田先生が、青木くんの初恋の相手です。

山田先生は、実際の年齢より10歳ぐらいは若く見え、小柄でやせていてかわいらしい感じの女性です。思いやりのある方で、放課後、私にコーヒーを入れてくれるとき、必ずお手製のクッキーを添えてくれました。

生徒に対しても分け隔てなく優しく接する先生です。また、とても涙もろい一面があり、生徒が体育の時間に一生懸命走っている姿を見て感動で涙を流し、知的に遅れのある生徒が自分の名前を、たどたどしいひらがなで精いっぱい書いている姿を見て感動し、涙を流す。生徒が授業に集中できずプリントを破いたとき、なぜプリントを破ってはいけないか、泣きながら説いていたこともありました。

11月になったある日のことです。

山田先生が、私にこう言いました。

「体育の時間に準備運動でグラウンドを5周走るときに、青木くんが手をつないでくれたんです」

どうやらこういうことらしいのです。

特別支援学校では、全教科を1人ないし2人の担任で教えることがよくあります。

山田先生の専門は国語ですが、体育の時間も指導に当たります。山田先生は、元来運動は苦手で走るのも得意ではありません。しかし、まじめで頑張り屋の山田先生は、生徒と一緒に準備運動のランニングを一生懸命にしていました。それに対し、青木くんは運動が得意です。たどたどしく走っている山田先生を前に見た青木くんは、後ろからそっと手を差し伸べて山田先生の伴走をしたのでした。

57歳のよろよろ走っている女性の先生を、生徒が助けるという、なんともほほえましい光景です。

年が明けて卒業が近づいた2月のある日のことでした。

山田先生が、足をくじいてしまい、ゆっくりとしか歩けない日が続きました。階段を上がる姿もぎこちない感じです。それでも体育の時間、山田先生は一生懸命に走ります。

そのとき、青木くんは、おんぶしてあげようかと言ったそうです。

彼はいたって本気です。まじめで純粋な青木くんです。冗談で「おんぶしてあげようか」と言ったのではありません。困っている大好きな先生を助けようという一心で言ったのです。青木くんにとっては、当然の優しさを見せたにすぎないのです。

この光景を私は遠巻きに見ていたので2人に近寄って、青木くんにゆっくりと何度も言いました。

「体育の時間だから遅くてもいいから自分で走らなければいけません。それが勉強だから」

青木くんは、「分かりました」と言って、何もなかったかのように再び走り出したのでした。

もう一つエピソードを紹介します。

青木くんは、同年齢の女子と口を利くことができませんでした。

ある日、同級生の女子が「卒業の記念に寄せ書きを書いてくれ」と言ってきたことがありました。青木くんにとって、女子のノートにメッセージを書くというのはとても特別な意味を持つことです。好きでもない女子のノートにメッセージを書くことなんてできません。

青木くんは、その女子が近づこうとすると逃げるようになりました。そこで彼女は、山田先生にノートを託し、メッセージを青木くんからもらってほしいと頼みます。

山田先生は、何の気なしに青木くんにそのノートを手渡してこう言ってしまいました。

「このノートにメッセージを書いてあげてね」

すると青木くんは、泣きながら教室を飛び出していきました。

山田先生には、何が起こったのか分かりません。

とにかくサッと走り去ってしまった青木くんを一生懸命に追いかけます。それを見た青木くんは、立ち止まりました。

泣きながら山田先生に言います。

「僕には書けません。ごめんなさい。ごめんなさい」

そのノートに対する青木くんのとらえ方の重さを知って、青木くんに書かせようとしたことを山田先生は後悔します。

山田先生は、青木くんに一生懸命に謝ります。

青木くんは、「もういいです」とポツリと言いました。

それ以来、青木くんは何かにつけて、山田先生に相談をするようになりました。

山田先生の誠実さに気がついたのかもしれません。そして、その思いは淡い恋心に変わっていきました。恋心に火がついたからと言って、その思いを山田先生に直接ぶつけるような青木くんではありません。その熱い思いを心に秘めたまま月日は過ぎていったのでした。

その思いに私も山田先生も気づいていたのですが、もうすぐ卒業ということもあり、そっとしておきました。そして、3月12日の卒業式でのことです。

式も無事に終わり、いよいよ別れの瞬間を迎えたときのことでした。

青木くんが山田先生に言います。

「今度、お昼ご飯を一緒に食べてください」

思いつめた表情で緊張しきっていました。この光景を私はそばで見ていました。

その場には、青木くんの母親もいました。前の晩、母親と相談し、直接言うことになったそうです。

山田先生は、私に相談しました。

「どうしようか」

私は、山田先生に言いました。

「宝塚歌劇団の男役トップスターのように、かっこよく振る。それが、青木のため」

優しい山田先生は、マクドナルドでハンバーガーを一緒に食べ、別れ際に言いました。

「私は、先生。あなたは、生徒。2人でお昼を食べるのはこれが最後。青木くん、お仕事頑張ってね。さようなら」

若い頃、プロポーズに答えたときより、数倍緊張したそうです。

自分は、憎まれたくないと思うのが人間の心情。しかし真の優しさとは、その気がないならきっぱりと断ることです。最初の段階で期待を持たせないことが温かい愛情なのです。

青木くんは、それから山田先生に連絡を取りませんでした。彼はその後、3カ月に一度くらいのペースで私を訪ねてきては、近況を教えてくれます。彼が「山田先生が仕事頑張ってねと応援してくれました」と話したことが印象に残っています。青木くんは、仕事と水泳を両立させながら、日々の生活を送っています。

中途半端な優しさが一番の罪

青木くんは見事初恋を素晴らしい経験に昇華させました。もしも、山田先生が憎まれ役にならなく、うやむやのまま済ませていたらそうはならなかったと思います。ここから、自閉症スペクトラム障害の青年への恋愛に関する接し方について私の考えを述べたいと思います。

スペクトラムとは、連続体のことです。どこまでが障害でどこからが障害でないという境目が曖昧なのが特徴です。そう考えると、これから語ることは、自閉症スペクトラムと診断された人だけでなく、異性との対人関係やコミュニケーションが苦手なすべての人にとって関係のあることだと思っています。実は、私も同じような傾向を持っていることを自覚しています。

まずは、「好き」という言葉と「愛している」という言葉について考えてみてください。

「好き」という言葉はどちらかといえば、直感的であり、感覚を中心にした気持ちが中心の言葉です。これはなにも人間に限ったことではありませんが、私たちは本能的に自分の生存に適した相手と、危険な相手を感じ分ける能力を持っています。この直感が好みの感覚の大きな基盤になっている言葉が「好き」という言葉です。

次に「愛」です。

『漢字源』（学習研究社）という漢字の源を解説した辞書によると、「愛」という字の「心」の下の部分「夂」は、「足を引きずり、おくれているさま」を表し、「人が胸を詰まらせて後ろにのけぞっているさま」を表すそうです。したがって、愛は「心がせつなくて足がそぞろで前に進まないこと」を表しているのです。

「愛している」という言葉は、直感的ではなく時間をかけて自分に何度も何度も問いかけて、どうにもならないほど相手のことをいとおしく思うことなのです。それは、出産してすぐに、自分の赤ちゃんと対面したり、わが子が一生懸命に頑張っている姿を見たりしたときに感じるかわいそう、せつない、守ってあげたいといった感情に近いのではないでしょうか。

このようにもともと、「好き」と「愛している」という言葉は違った意味合いを持っています。

実際に使うときも、友達は好きで恋人は愛しているなどと何かしらの基準がある方も多いとは思います。

しかし、自閉症スペクトラムの青年は「好き」と「愛している」を同じ意味でとらえている場合が多いようです。

したがって、自閉症スペクトラム障害の青年から「ぼくはあなたのことを愛しています」と言われたときに、「私も好きよ。だって、○○くんて優しいもの」などと軽々しく言ってほしくないのです。その青年にとっては、「優しいあなたを愛している」と言われたのと同じことだからです。

異性の恋愛対象として好きなら「私も好き」と言っていいでしょう。しかし、大して好きでもないのに人間として好きという意味で「好き」と言ってほしくないのです。

相手を傷つけまいとして発する「付き合うのは無理。でも好きよ」という中途半端な優しさは、実は優しさでもなんでもありません。自分は嫌われたくないという自己満足や自己防衛のためのむごい言葉なんだと認識してください。私は、講演会などでこのようなその場をごまかすための「好き」という言葉は「小悪魔のささやき」と言って説明しています。

自閉症スペクトラムの当事者にとっても「好き」という言葉はその場をごまかす言葉として使われることもあるということを知るべきなのですが、特性上難しいのです。だとしたら、周りの者が、しっかりとこのことを受け止めて行動すべきではないでしょうか。

自閉症スペクトラムの若者が、相手の言った偽りの「好き」を信じてしまった場合、相手の思いに応えようと一生懸命になってしまい、相手の帰りを家の前で待っていたり、出社するのを相手の会社の出口で待っていたりしてしまうケースも見受けられます。愛してもいない人にそこまでされても迷惑なはずです。

自分も相手も傷つかないためにも、はっきりと意思を伝え、曖昧な表現をしないことが大切なのです。

メイドカフェでソーシャルトレーニング

もう一つ事例を挙げて発達障害と恋愛について説明をしていこうと思います。今から10年以上前に公立の有名進学校の理数科を卒業した小山翔太くんの話です。小山くんは、自閉症スペクトラム障害を抱えていました。小学校5年生のときに診断が出ています。彼が中学3年生のときに、月1回のペースで私がソーシャルトレーニングを行っていました。

小山くんは数学の学力が特に高く、中学校2年生の夏休みが終わる頃には中学校3年間の問題はすべて解くことができたそうです。国語でも漢字はよく知っていて「鬱」とか「林檎」などという難しい漢字もすらすら書いていました。

しかし、他人とのコミュニケーションは苦手です。対人関係が弱く、友達づくりも苦手でした。先生とは会話をするものの、級友と話すことはほとんどありませんでした。

小山くんのお母さんは、発達障害の子どもを抱えた親たちが集う、親の会で活躍している方です。自分でも保険の外交をしながら、障害のある子を抱えた若いお母さん方の相談に乗っているとてもアクティブな方です。

5、6年前に私が教育委員会で相談業務をしているときに市役所の廊下で彼女にばったり会って立ち話をしたことがありました。

そのとき、小山くんが、広島の大学で情報工学を専攻し、広島のコンピュータゲーム開発をする会社に就職して頑張っていると聞いたのです。個人個人でゲームを開発する会社で、あまり対人関係を気にすることもないので小山くんに合っているということでした。

私からは、特に尋ねなかったにもかかわらず、まだガールフレンドはいないこと、今後もつくれないいんじゃないかと心配していることなどを小山くんのお母さんは早口で明るく教えてくれました。その後もしばらく、小山くんの近況を聞いていたのですが、そういえばといって、お母さんは、とっておきの秘密を喋るかのように少しもったいぶりながら、今、彼がハマっていることについて語り始めました。

小山くんの会社は土日休みで、彼は、その休みを利用し、土曜の夜行バスで大阪にいき、日曜に広島に帰ってくるということを半年以上つづけていると言うのです。

この高速バスの名前は、行きは「青春ドリーム広島号」、帰りは「青春昼特急広島号」です。夜行の大阪行きは朝に着くドリーム号、まだ明るいうちに乗り込む広島行きは、夜遅く着くのですが昼特急と言うのだそうです。小山くんの「青春ドリーム」を乗せて山陽自動車道をバスは、行き来したのでした。

「大阪には何をしに行くんですか？」

「実は……」

その答えに私はびっくりしました。

小山くんは、大阪の日本橋《にっぽんばし》にある「メイドカフェ」に毎週行っていたのです。メイドカフェは昼は12時から夜は9時過ぎまで開店しているのだそうです。朝早く大阪に着いた小山くんは、マックでハンバーガーを食べながら昼まで時間を過ごし、12時なるとメイドカフェに入店すると言います。

興味を持った私は、「広島市役所の近くに来たら竹内のところに行ってみたらと言ってください。竹内が会いたいと言っていたよと伝えてください」とお母さんに言い、その日は別れました。

小山くんに会う日はすぐにやってきました。私には分かっていました。会いたいと伝えてもらえば、すぐに来るのではないかと。小山くんは、そのような律儀な生徒だったからです。市役所の近くの鷹野橋商店街にある、よく行く喫茶店で話をしました。さっそく話を切り出しました。

「小山くん、メイドカフェに最近、はまってるんだって？」

「そうなんですよ」

悪びれた感じは何もありません。あっけらかんとしています。まあ、別に悪いことをしているわけではないので当然ですが。

「お金、かかるだろう」

「給料、全部つぎ込んでいます」

メイドカフェだから借金するほどのお金を取られることはないかと思い、ひと安心です。

「メイドカフェって、どこにあるの？」

「大阪の日本橋がメッカですよ」

そうなのか。日本橋か、確かにありそうだな。と私は思いました。

大阪の日本橋は、東京でいうと秋葉原とか御徒町《おかちまち》といった感じの場所です。

「行きつけの店ってあるの？」

小山くんは、大阪でも老舗だというメイドカフェの名前を言い、店の歴史とシステムを教えてくれました。

さすが、小山くん、店の歴史とシステムから説明するのかと私は感心しました。自閉症スペクトラム障害の特性です。「システム」が好きで、「歴史」に強かったりするのです。

「ごひいきはいるの？」

「ごひいき？」

どうやら「ごひいき」が分からないようです。

「好きな子いるの？」

「推しは、マユちゃん」

どうやら自分の好みの女性のを「推し」というらしいのですが……。そこから、かれこれ2時間、自分がマユちゃんを推している理由を聞かされたのでした。

後日、私は大阪に講演に呼ばれた際に日本橋に行き、そのメイドカフェに行ってみました。行ってみて驚かされました。すべてのメイドカフェがそうというわけではないでしょうが、そこは、自閉症スペクトラム障害を抱えた青年が楽しめるようにできていたのです。

その店は最初の5分間は無料トーク、5分を超えるとお金がかかります。対人関係が苦手な場合、このほうがいいのです。お金を払うシステムなわけですから、メイドさんが他の常連客や話の上手な客とばかり会話をすることがなくなるわけです。コミュニケーション能力によって優劣が決まりません。指名してお金を払ったら、そのメイドさんは自分のメイドさんであるということが分かりやすく約束されています。

また、メイドさんの写真カードも用意されていて、視覚支援もばっちりです。このような発達障害のある方でも分かりやすいように環境や提示の仕方を工夫することを「構造化」といいます。もちろん、メイドカフェが意識的に構造化しているわけではないでしょう。

ただし、発達障害のある人に分かりやすいと言うことは、すべての人にとって分かりやすいということです。そのようなシステムをつくっていることが、このメイドカフェが成功している理由ではないかとも思いました。

現在、日本全国にメイドカフェがたくさんあるようですが、多くの店が分かりやすい構造化されたシステムを導入しています。小山くんのようにメイドカフェにはまっている青年の中には対人関係や社会性に弱さをもっている方も少なくはないのではないでしょうか。

そして、これは私の個人的な感想ですが、この店のメイドさんは明るくどんなお客さんにも話を合わせて微笑んでいます。彼女たちのどことなく落ち着いた感じが、発達障害があり、人間関係に不安を覚えている青年にはちょうどいいのです。

発達障害のある人と接するときに、最も重要なのは笑顔です。微笑でかまいません。私は怒っていませんよというのが分かる程度の笑顔で接すると、安心してコミュニケーションをとろうとしてくれます。

次に重要なのが、話を聞いてあげるという姿勢です。途中でさえぎらずに話を聞いてあげると安心して話をしてくれます。時々「ハイ」や「なるほど」といった相槌を打つと効果的です。

メイドさんたちは、職業上というよりもともとこうしたことを生まれつき身につけているように感じました。

帰りには、「また来てね」と、最後まで否定されることはありません。

女性に対して不安感の強いところのある自閉症スペクトラム障害の青年にとっては特に癒やされやすい空間なのだと思います。いずれにしろ会話を重ねることでコミュニケーション能力は身についていきます。

メイドカフェはハマりすぎさえしなければ、対人関係、特に異性に対しての関係の持ち方の苦手な自閉症スペクトラム障害の青年にとって机上ではないソーシャルスキルトレーニングの場になるのではないでしょうか。

好きと愛してるの境目の見極め

このメイドカフェのメイドさんが、小山くんの初恋の相手ではありません。小山くんは、半年ほどでメイドカフェを卒業します。交通費も含めて、50万円ほど使ったことを後で教えてくれました。その口調は淡々としており、後悔という感情はなく、むしろ50万円に見合う体験をしたという喜びすら感じました。

彼が初めて恋心を抱いたのは、広島のご当地アイドルでした。ＡＫＢ48の登場をきっかけに、地域に根ざしたアイドルというのが、ＡＫＢの姉妹グループ以外にも、全国各地に誕生しました。

私の住む広島にもたくさんのご当地アイドルグループがあり、握手会やコンサートなどを毎週のように開催しています。

小山くんは、その中の１人の少女に恋をしたのでした。

この少女の名前を「アキちゃん」、所属するグループを「もみじ娘」としておきましょう。もみじ娘は、16歳から17歳の現役高校生7人で構成されるユニットです。アキちゃんはセンター（実質的なグループのトップ。真ん中で歌ったり踊ったりすることが多い人）を務めています。

小山くんが、何をきっかけとしてもみじ娘のアキちゃんを知ったかは定かではないのですが、小山くんは1年前ぐらいから大阪のメイドカフェ行きを卒業してアキちゃんの追っかけになっていました。私は偶然このことを知ったのです。

その日はたまたま友人との飲み会があり、飲み会の店がある広島一の繁華街「流川」付近に少し早く着きました。その辺りを少し歩いていると、大きな音楽が聞こえてきたのです。なんだろうと思ってその音楽の方向に振り向くと、ご当地アイドルのコンサートが開催されていました。屋外コンサートで、5グループほどの少女アイドルユニットが出演したようでした。私が、着いたときは終わりに差し掛かっており、最後の出演、いわば「トリ」のグループが歌っていました。それがもみじ娘だったのです。

時間つぶしに、私はその人だかりに入っていき、もみじ娘をたくさんの観客と一緒に見入っていました。かわいい少女たちが、赤や青といった原色のひらひらしたミニスカートの衣装に身を包み、踊りながら歌っていました。広島にもこういうグループがいるんだなあというのがそのときの感想です。

観客は、ほとんどが男性です。中には女性もいましたが、男性とのカップルでたまたま通りがかったという感じの方ばかりで、女性たちは、少し引き気味に見ているのが印象的でした。アイドルの女の子にというより、応援している追っかけの男性たちに引いているようです。決して広くはない屋外ステージで、幅はせいぜい10メートルぐらいでしょうか。簡単な組み立て椅子が20脚ぐらいあって、その椅子はほとんどが満席。その後ろに20人ぐらいが立って見ていました。

観客となっている男性たちの年齢は、決して若くはありませんでした。アイドルと同世代の10代の男子はほとんどいません。20代の男性の観客は、数人程度。ほとんどが30代から40代です。50代の方も10人近くいるように見えました。

私は、ステージの上手の最前列で、大きな声でもみじ娘のアキちゃんを応援している30代のどこか見覚えのある青年を発見したのです。周りの観客は、その青年が発するあまりにも大きな声とその応援のせりふに笑っていました。

「アキちゃん、かわいすぎる、かわいすぎる、めっちゃ、めっちゃ、かわいすぎ、かわいすぎ」

このせりふを歌の合間に大きな声で連呼するのです。

そして、歌が一曲終わるときにはその応援者が小山くんであると確信したのでした。

せっかく楽しんでいるのに声をかけてもと思い、その場は声をかけずにいました。そして半年が過ぎた頃、小山くんと話をする機会がやってきたのです。小山くんの母親から講演依頼がきて、彼女の所属する親の会主催で講演をしました。その会場に小山くんが来ていたのでした。

さっそくアイドルのライブで見かけたことを話しました。

「小山くん、半年ぐらい前に、アイドルの野外ライブで見たよ」

「ああ、もみじ娘ですね」

「一生懸命、応援していたね。アキちゃんだったっけ」

「アキちゃんのファンはもうやめました」

どうやらアキちゃんのファンではなくなったようです。

しばらくの間、小山くんにアキちゃんとのことを聞きました。興味本位で聞いている私に、淡々と話してくれる小山くんは、本当に純粋な青年です。

小山くんは、アキちゃんの追っかけをしていたようです。毎週末になるとどこかで握手会やコンサートなどをしているので、欠かさずに出かけていたそうです。

3カ月ぐらいした頃に何かプレゼントをあげたいと考えた小山くんは、何をあげようかと悩みます。そして、小山くんは以前通っていたメイドカフェで「推し」の女の子が「かわいいぺンダントが欲しいわ」とよく言っていたのを思い出したそうです。

そのメイドの女の子はプレゼントの受け取りをしない子だったので、そのときは贈らなかったのですが、今回アキちゃんにはペンダントを贈ろうと決心したのでした。ご当地アイドルとファンとの間で高価なプレゼント禁止というルールはありません。小山くんは、握手会でプレゼントを渡そうと計画しました。アキちゃんとは、単なるファンという関係で特に付き合っているわけでもありません。でも好きで好きで仕方がなくてどうしても渡したかったそうです。

結局小山くんは、5万円ぐらいするペンダントを通信販売で買い、プレゼントの準備をします。そして、ついに握手会で渡したそうです。そのときはあまりの緊張で、反応をうかがうこともできませんでした。

プレゼントを渡した握手会の次の握手会が、その2週間後にありました。小山くんは、アキちゃんが満面の笑みで発する「うれしかった。ありがとう」の言葉を期待して、いそいそとその握手会に出かけて行きました。

そこで、アキちゃんは小山くんにこう言ったそうです。

「このようなものを受け取るわけにはいきません」

きっぱりとした言葉とともに、ペンダントはつき返されてしまいます。

それ以来、アキちゃんのところへ行くのはやめたそうです。

小山くんにとっては、アキちゃんとの終わりはご当地アイドルの応援の終わりを意味していました。「1か0」という思考様式が自閉症スペクトラム障害の特性の一つだと思います。

私は、アキちゃんのとった行動はすばらしいものだと思います。

中途半端な優しさを見せてペンダントを受け取り、適当に握手を続けることもできたでしょう。しかし、5万円もするペンダントをいきなりプレゼントするというのは一般的には不自然です。

受け取ってしまえば、小山くんにしてみれば自分の気持ちをアキちゃんは受け入れたということを意味します。

その気がないなら、きっぱり断り返しておくのが初期の対応として正解なのです。だんだんエスカレートさせておいてそれが10万円、20万円のプレゼントになる前に断るべきです。5万円ならいいけど20万円はいやという考えは、まさにもらう側のエゴです。金額の問題ではないのです。

好きと愛しているはなかなか判別しにくいものです。実際に付き合う中で、犠牲的に相手のためにつくせる、それも見返りなど考えない自分に出会ってみて、自分はこの人を愛しているのだと分かるもので、相手のそういう姿を体験してみて初めて愛は確認できるものだと思います。

前述したように、他人の気持ちを読むのが苦手なところのある発達障害のある青年にとって、そのような区別をするのは、難しいでしょう。

もしもプレゼントを受け取り、あいまいなままでいたとしたら、相手へのプレゼントの金額で恋愛の強さを表現するようになり、プレゼントはさらに高価なものへとエスカレートしていくでしょう。

アキちゃんのように、勇気を持って初期の段階でキッパリ断ってくれることの方が、傷を負うことも少なく、もう恋なんてしないとトラウマになることもないでしょう。

バーチャルな恋愛の危険

その後、小山くんはエッチな動画サイトやネット上にある恋愛ゲームにはまっているそうです。

人から好かれる喜びを疑似体験できる恋愛ゲームにハマる気持ちもよく分かりますし、女性の裸を見てみたいと思う気持ちを抱くこともあるでしょう。キスしてみたいと思うこともあるでしょう。インターネットなら、スマートフォンの手元の操作でキスをしたり裸を見たり簡単にできます。しかも、無料のサイトがたくさんあるというのが現状です。

私は、このことを否定しているわけではありません。これらのものに熱中することは、実際に小山くんが恋愛や性の経験をするようになるまでの一つの通過点だと思っています。そのようなことに興味を持ってなんとかしたいと思うことが第一歩です。心配なのは、バーチャルな恋愛や性と現実が倒錯しないかどうかということと、バーチャルなもので一生を終えてしまわないかということです。

本当は世の中に、正式にカウンセラー契約を結んで、恋愛や性の相談を受けて適切に助言できるような機関なり会社があればいいのですがそのようなものはありません。

私はそういうことも視野に入れて、会社を立ち上げました。

この恋愛と性の問題は、発達障害のある青年にとって非常に困難な問題なのですが、なかなか表に出にくくあまり語られないことでもあります。対人関係が苦手で社会性に弱さがある場合に、異性に対して恋愛関係を持つように働きかけたり、付き合ったりすることは、ハードルの高いものです。

他人に対する恐れや躊躇といった感情が前面に出てくるため、なかなか恋愛関係に踏み込めません。さらに結婚となると症状に理解のある人という条件がどうしてもついてしまいます。実らぬ恋に傷つくこともあるでしょう。

実際の恋愛とは違って、その点インターネット上の恋愛ゲームは、自分が傷つく恐れはないのです。手元の操作だけでバーチャルな恋愛を楽しむことができます。嫌ならリセットすればいいのです。相手の時間や気持ちや好みに合わせる必要もありません。自分が会いたいときに画面をタップすればいいのです。用意された方策を行っていけば、相手を攻略できるでしょう。しかし、実際の恋愛は不思議なものであり、ゲームと違い、強ければ勝てるというものではないのです。弱いほうが勝ったりすることもある摩訶不思議なものなのです。

そして、一歩踏み出せば傷ついて当然の世界です。傷つくのを恐れていては何もできないというのが恋愛ではないでしょうか。会いたいときは、相手に時間を合わせる必要があります。好みも相手に配慮して行きたいところ、食べたいものなどを常に探っていかなければなりません。とても面倒で時間やお金、労力がかかります。そして何よりも気を遣わなければなりません。その挙げ句に拒否されて傷つくこともあるでしょう。そして、自分が傷つくだけでなく、自分が相手を傷つけることもあるというのがリアルな世界の恋愛です。

傷つくことが悪いと言っているのではありません。故意に相手を傷つけてはいけませんが、相手を傷つけてしまったり、傷つけられたりすることは、むしろ、重要なことのです。このような決してバーチャルな世界では味わえない機会が大きくその人を成長させます。対人関係がうまかったり、社会性があったりする人はそのような、人間関係に傷つきながらも学んでいける人です。

しかし、発達障害を抱えていると、傷ついた段階で次に移ることがなかなか難しい場合があります。「1か0」という思考形式に陥りやすいのです。

自分が1と思っていたものが0になったとき、つまり、恋愛なら振られたときに、「0ではなく0・1ぐらいエネルギーが残っている」「この恋愛がダメだったからといって、何も残らなかったわけではなく、あなたを成長させてくれたんだ」と教えてあげることが必要なのではないでしょうか。

そして、当事者が自覚して対応方法をスキルとして身につけていたり、周りの人間が対人関係の弱い人に対する認識を持ち、ちょっとした配慮をすることができたりすれば、もっと自由で豊かな恋愛が生まれていた可能性もあるのです。

人間は誰でも皆、「愛」と「性」を持ってこの世に生まれてきます。障害を持っていようといなかろうと、当然、誰もが恋愛をしたり性的欲求を感じたりするものです。

しかし、障害を持つ人にとっての恋愛や性の問題は、残念ながらタブー視されており、みんなで話し合うような機会もほとんどないというのが、現状ではないでしょうか。

そのために、現実世界の「愛」と「性」に対して、どうアプローチしていけば良いか分からないまま、インターネットの楽な「愛」と「性」にだけ依存してしまっている人たちも少なくないように感じられます。

それらを遠ざけるということは非常に難しいように思われます。だからこそ、これらの情報を、障害のある人たちが得ることを前提として、「愛」や「性」に対してどう支援していかなければならないかを話し合っていかなければならないのです。

性にかかわる社会問題

最後に性にかかわる事象や社会問題について述べたいと思います。今、マスコミの報道を見ていると、性にかかわる事象や社会問題について、その衝撃的な現象だけにとらわれがちであるような気がしてなりません。

現象だけでなく、それが起こった背景をしっかりと直視することが必要なのではないでしょうか。

今から15年ぐらい前になりますが、私が担任をしていた16歳の男子生徒が、地元の警察に補導されたことがありました。その生徒は、自閉症スペクトラム障害で軽度の知的の遅れが見られました。ヒョウ柄にこだわりを持っていて、「ヒョウ柄のハンカチ」「ヒョウ柄の鉛筆」など、とにかくあらゆるヒョウ柄グッズを集めていました。そして、学校の帰り道の繁華街で出会った、ヒョウ柄のスカートをはいた、20歳ぐらいの女性の後を追いかけていきました。

しばらくして女性は、この男子生徒に気がつき、ストーカーと勘違いして最寄の警察署に駆け込み助けを求めます。警察署の入り口付近にいたこの男子生徒は補導されていました。

警察署の入り口付近にいたことからみても、犯罪行為としてのストーキングをしていたのではないことは明らかなのですが、この女性にも警察にも、当時、自閉症やこだわり行動を説明するのに苦労しました。

結局は、理解してもらい、この生徒を連れて帰りましたが、自閉症の理解、啓発の必要性を痛感した出来事でした。

この生徒に対して日頃からたとえ興味を持っていたとしても、女性のあとをついていってはいけないことをソーシャルスキルとして教えていたら、このようなことは起こっていなかったはずです。

しかし、先程も述べたように、私たちは、性の問題をどこかタブー視しており、きちんとそのようなことを教えていません。

発達障害のある人たちにとっての恋愛と性の問題を考察してきましたが、特にこれは発達障害だからという特別なものではなく、すべての人たちに関係することです。

今、さまざまな性にまつわる社会問題が起きていますが、性に関するソーシャルスキルを身につけさせていないことが、その問題の一因であるような気がしてなりません。

思春期となれば、男性なら女性の裸を見てみたいと思う気持ちを持つこともあるでしょう。

そして、その気持ちはすぐにインターネットがすぐに満たしてくれますが、その情報は、性的エネルギーをいたずらにあおるものばかりです。

女性を単なる性の対象として扱い、人間らしいものの見方、考え方をゆがめ、本来持つ理性の存在を否定して脅かすものも多くあります。

性欲もインターネットも遠ざけることはほぼ不可能です。そのような状況であることを認識した上で、対策を講じなければなりません。

そして、対策の一つが自宅や相手の職場で帰りを待てばストーカーと間違われる、いくらかわいいと思っても体に触れたり、ビデオや写真を撮ったりしてはいけない。さらに、インターネットやビデオ、雑誌などから得た情報をそのまま実行してはいけないなど、スキルとして異性との付き合い方を教えることなのです。

それも、小・中学校から、学校で教える必要があるのではないかと本気で考えています。

第六章　誰もが未来をつかめる社会へ

両親に子どもの24時間監視を強いない社会へ

教育現場や家庭における環境づくり、いじめ問題、恋愛問題など、どの事柄に関しても発達障害を抱えている本人やその家族、周りの人たちに負担がかかっているのが現状です。

発達障害が知られるようになり、さまざまな支援や制度が導入されてきていますが、「子育てを放棄したくなる」「もう教師として発達障害の子どもを見ていく自信がない」と訴えてしまうほど追い込まれている人も少なくありません。

そのような人たちのためにも、発達障害を医学という枠組みだけではなく、社会問題としてとらえ、新しい観点から見ていく必要があります。

2013年10月16日付の毎日新聞に「認知症事故と損害賠償　介護現場に衝撃の判決」という見出しの記事が載りました。私は、この記事を見て恐れを抱き、第二章で紹介した、原田くんの実習を急遽取りやめました。特別支援学校において職場実習の打ち合わせまでして、急遽取りやめることは通常ありません。それは相手方、すなわち実習先である福祉施設に、日々のサービスがあるにもかかわらず無理して実習を受け入れてもらっているからであり、学校としても多くの生徒を支援するために、約1年前から計画的に実習の準備をしています。そう簡単に中止にできるものではないのです。

この判決はその実習を急遽中止にするぐらいに、私たちにインパクトを与えました。

それは次のようなものです。

「『ある判決』が介護の現場に衝撃を広げている。91歳（当時）の認知症の男性が線路内に入り、列車にはねられて死亡した。裁判所は遺族に対し『注意義務を怠った』として、鉄道会社に720万円を支払うよう命じた」

遺族がJR東海から手紙を受け取ったのは、事故から半年後のことでした。そこには衝突の関係で快速列車が遅れたため、別紙のとおり損害が出たとありました。

別紙には「損害額一覧表」として、事故に対応した職員の人件費、他社に振り替えた運賃、払戻金など720万円の内訳21項目が列挙されていたそうです。

事故当時、男性は要介護4。介護なしでは日常生活が困難だったため、85歳（当時）の妻と、介護のために横浜市から近所に移り住んだ、長男の妻が世話していたそうです。男性が自宅を出たのは長男の妻が玄関を片付けに行き、そばにいた妻がまどろんだ一瞬のことだったと言います。

家族は、重い認知症だった父に責任能力がないことはJRも分かってくれると思っていたそうですが、専門医の診断書がないため、疑いがあると言ってきました。

ここで、「要介護4」とはどういうことなのか説明を加えさせてください。

これは、日本における介護保険制度の内容です。よく似たもので皆さんが知っているものに

「健康保険制度」というものがあります。

国民皆保険といって、日本に住む国民は何らかの社会保険に加入しなければなりません。私は、公務員だったので「共済組合」に入っていました。今は会社を立ち上げたので自営ということになり、「国民健康保険」に入っています。それ以外の方も何らかの保険に入らなければならないのです。これにより、医療費の3割を負担すればよいことになります。

医者に行くのなら、健康保険の被保険者証を医者に持っていけばその場で3割負担の適用を受けますが、介護保険は被保険者証を持っているだけでは適用を受けることができません。介護サービスを受けるには、被保険者が介護を要する状態であることを市町村役場で認定されなければなりません。これを要介護認定と言います。

次の表をご覧ください。

事故で亡くなられた男性は、要介護4ですから、重度な状態です。

日頃から、さまざまな介護が行われていたことでしょう。それにもかかわらず、介護の仕方が不十分であるというわけです。大げさに言えば、常に1日24時間つきっきりで他人様に迷惑をかけないように見張っておけという判決なのです。

この判決は、いわゆる認知症の老人介護について限定されるわけではありません。

要介護度別の状態区分

被保険者の状態	要介護度	サービス利用の可否
要介護状態	要介護５（さらに最重度） 生活全体にわたって介護に頼らなければならない。１日５回以上の介護が必要な状態	可
	要介護４（最重度） 日常生活の能力がかなり低下して意思の伝達が困難な場合がある。１日３～４回の介護が必要な状態	可
	要介護３（重度） 自力で起き上がったり、寝返りを打ったりすることができない。毎日２回の介護が必要な状態	可
	要介護２（中度） 自力で起き上がることが困難。食事やトイレ、風呂など、毎日１回の介護が必要な状態	可
	要介護１（軽度） 立ち上がることや歩行が不安。衣服の着脱や清掃など、毎日１回の介護が必要な状態	可
要支援状態	要支援２ 基本的な日常生活の動作はできるが、週数回の介護が必要な状態	可
	要支援１ 要支援２よりは、軽いが介護が必要な状態	可
非該当	自立	否

介護保険法及び関連する厚生労働省令によると要介護及び要支援状態についてはおおむね上表のようになる。くわしくは、各市町村役場に問い合わせることになる。

この事故では、たまたま認知症で介護を受けている老人が当事者でしたが、多動性や衝動性のある発達障害の子どもや大人が当事者になることは、充分に考えられます。

原田くんも当然該当します。

私は、この記事を読んで、予定されていた原田くんの実習を中止してしまいました。実習先の福祉施設の近くに線路があったためです。

私は、恐れをなしてしまったのです。

原田くんは、以前、実習打ち合わせの際、その施設の前にある線路に立ち入ったことがありました。

実習打ち合わせとは、実習先に本人、保護者、教師、施設側の担当者が一堂に会し、たとえば、昼食はどこでとるとか、どのような内容の作業をするとか、何時に来て何時に帰るとかいったことが話し合う場のことです。その日は、私は原田くんとおばあちゃんと三人で打ち合わせに来ていました。

打ち合わせ中から原田くんは落ち着きがなく、終わった途端、施設の近くの線路内に立ち入り、猛然と走り始めたのです。そのときは事なきを得たのですが、もし、原田くんが列車を止めたら多額の損害賠償をしなくてはならなくなるのではないか。教師という仕事も責任をとってやめなければいけないのではないかという思いが頭をもたげたのです。

原田くんにとってこの実習先がとてもいい場所であっても、入所どころか実習すら行うことができないのです。

こんなことがあっていいはずがありません。

そもそも、事故の責任は、監督者や介護者だけにあってＪＲにはないのでしょうか。

確かに、監督者である親や教師に責任はあります。当然、本人にも責任の一端はある可能性だってあります。しかし、責任を問う前に、線路に入れないような安全な施設を作ったり、安全を守る人員などの措置をとったりしなければならないはずです。

原田くんのようなことが起きないためには、当事者だけでなく周りの人たちがここのところを確認し、整理しておく必要があります。

そうしなければ、安易に犯人に仕立て上げられたり、責任を押し付けられたりして、問題の本質や真相を隠されてしまう危険性があるのです。

ＪＲをはじめ、公共の役割を担うものは安全を守る責任を放棄してはいけません。ここは、常に私たちで監視しなければならないのです。

２０１３年10月１日にＪＲ横浜線の川和踏切（横浜市緑区）で74歳の男性を助けようとして40歳の女性が電車にひかれ亡くなりました。死亡した村田奈津恵さんに安倍晋三首相は、勇気ある行為を称える謝状を贈りました。

このときの内閣官房長官のコメントに私は強い違和感を覚えました。

官房長官は、次のように述べています。

「他人にあまり関心を払わない風潮の中で、自らの生命の危険を顧みずに救出に当たった行為を国民とともに胸に刻みたい」

勇気ある行為を称える謝状を総理大臣が贈ることは理解できます。迅速かつ厳かに行われた行為は評価に値すると思います。しかし、国の行政の中心を司る者であり、政府の意思を国民に向けて発するスポークスマンのコメントとして、この言葉はいかがなものでしょうか。

公共交通は、行政の最も重要な分野であり、鉄道は、その中心的な存在であるように思われます。行政の中心を担う者ならこう言うべきです。

「自らの生命の危険を顧みずに救出した行為を胸に刻むと同時に、今後こういう事故が起こらないようにJR東日本を徹底的に指導し、日本の踏切を総点検することを約束します。そして、今後同じことが起こらない日本にすることこそが、村田さんへの供養となると考え、真摯に取り組んでいきたいと思います。国民の皆様、本当に申し訳ありませんでした」

このようなことは、たった一度のことではなく、今までに何度も発生しています。行政の担当者は、このことを重く受け止めて、個人の問題ではなく、社会の構造的な問題としてとらえなければならないのです。

構造的な問題として解決をしていけば、障害を抱えた人を24時間、周りの人たちが監視しなければならないということはなくなるはずです。

これは、公共機関の安全面だけでなく、発達障害を取り巻く問題の多くは、社会の構造的なものであり、行政の果たす役割は大きいといえます。

問題を社会問題として見ていくことで、個人個人の負担も減り、子育てや教育に悩まされる人たちも少なくなっていくのではないかと思います。

誰もが持つよりよい環境で暮らすための権利

住みよい町、社会に住むというのは、障害の有無にかかわらずすべての人が持っている権利です。

皆さんは、「障害者権利条約」という名前を聞いたことがあるでしょうか。

日本では、「障害者の権利に関する条約」と政府によって訳されているものです。英語では、Convention on the Rights of Persons with Disabilities と言います。

２００６年12月第61回国連総会で採択され、２００８年5月に発効しました。これは、条約ですから、国際法上で国家間ないし国連のような公的な国際機構と国家の間で結ばれる成文法です。いわば、国と国や国連などとの間で守らなければならない重要な約束事です。

「障害者権利条約」というのは発達障害者だけでなく障害者をあらゆる差別から守る最高の拠りどころです。

わが国は、2007年9月に署名を行った後に、国内法制度の整備を進めてきました。2013年12月4日に条約が求める水準に達したとして国会で承認されました。2014年1月20日に批准し、2月19日に発効しています。

この条約の内容について話をする前に、条約とは何かを日本国憲法から読み解いてみたいと思います。

日本国憲法第九十八条には次のように書かれています。

「この憲法は、国の最高法規であって、その条規に反する法律、命令、詔勅及び国務に関するその他の行為の全部又は一部は、その効力を有しない。

第2項　日本国が締結した条約及び確立された国際法規は、これを誠実に遵守することを必要とする」

そして、第七条にはこうあります。

「天皇は、内閣の助言と承認により、国民のために、左の国事行為に関する行為を行ふ」としてその国事行為の1つめに、「憲法改正、法律、政令及び条約を公布すること」とあります。

日本国憲法第九十八条と第七条の2つを並べて読み合わせてみると次のようになります。

日本国においては、締結した条約は、日本国内における国内法すなわち国会を通過した法律と同様に天皇が国事行為として公布するものであるということが分かります。さらに、第九十八条第2項によると、条約は誠実に遵守しなければいけないわけですから、法律が条約に違反してはいけないわけです。

つまり、締結された条約というのは、法律をも越えている存在なのです。「障害者権利条約」のような人権にかかわる条約だけでなく、経済活動などにかかわる条約でも構造的には同様です。

条約を批准するということは、その条約に矛盾する国内の法律を見直すこととなり国の構造そのものを変えることにもなるわけです。

それでは、「障害者権利条約」の内容に話を移していきたいと思います。この条約は、前文と50条からなる本文によって構成されています。

本文のうち、第一条から第十条までが総則的部分、第十一条から第三十二条までが各論的部分、第三十三条から第五十条までが条約の実効性を担保する機関、条約の修正、寄託者、効力の発生などについて述べられています。

この障害者権利条約は「当事者本人を抜きにして当事者のことを決めてはいけない(Nothing about us without us)」という原則が貫かれています。その上に、全体として障害のある人々に対する差別の禁止やその認められるべき権利について述べているのです。

第一条は目的についての条文です。

日本政府が２０１３年10月15日に閣議決定した仮訳から引用します。

この条約の目的は、「第一条　目的」に示されています。

第一条には、「全ての障害者によるあらゆる人権及び基本的自由の完全かつ平等な享有を促進し、保護し、及び確保すること並びに障害者の固有の尊厳の尊重を促進すること」とあります。そして障害者には、「長期的な身体的、精神的、知的又は感覚的な機能障害であって、様々な障壁との相互作用により他の者との平等を基礎として社会に完全かつ効果的に参加することを妨げ得るものを有する者を含む」としています。

特に「第二条　定義」に注目してほしいのです。

「この条約の適用上、『意思疎通』とは、言語、文字の表示、点字、触覚を使った意思疎通、拡大文字、利用しやすいマルチメディアならびに筆記、音声、平易な言葉、朗読その他の補助的及び代替的な意思疎通の形態、手段及び様式（利用しやすい情報通信技術を含む。）をいう。

『言語』とは、音声言語及び手話その他の形態の非音声言語をいう。

『障害に基づく差別』とは、障害に基づくあらゆる区別、排除又は制限であって、政治的、経済的、社会的、文化的、市民的その他のあらゆる分野において、他の者との平等を基礎として全ての人権及び基本的自由を認識し、享有し、又は行使することを害し、又は妨げる目的又は効果を有するものをいう。障害に基づく差別には、あらゆる形態の差別（合理的配慮の否定を含む。）を含む。

『合理的配慮』とは、障害者が他の者との平等を基礎として全ての人権及び基本的自由を享有し、又は行使することを確保するための必要かつ適当な変更及び調整であって、特定の場合において必要とされるものであり、かつ、均衡を失した又は過度の負担を課さないものをいう。

『ユニバーサルデザイン』とは、調整又は特別な設計を必要とすることなく、最大限可能な範囲で全ての人が使用できることのできる製品、環境、計画及びサービスの設計をいう。ユニバーサルデザインは、特定の障害者の集団のための補装具が必要な場合には、これを排除するものではない」

この第二条は、本条約で使用されている用語についての定義を述べたものなので、「意思疎通」が障害を持つ者にとっていかに重要なものかを訴えているととらえられます。

意思疎通とはコミュニケーションのことです。コミュニケーションをとるためには、利用可能なあらゆる言語を用いて、傷害に基づく差別を排除して「合理的配慮」をしなければなりません。そして、「ユニバーサルデザイン」に基づいて、世の中をつくっていくことが大切であるということがこの定義を読んだだけでも推測できます。

ここに出てくる、「意思疎通」「言語」「障害に基づく差別」「合理的配慮」「ユニバーサルデザイン」という5つの言葉は、発達障害を乗りこえるためのキーワードです。

特に、21世紀に最も重要なキーワードは、「合理的配慮」ではないでしょうか。

それでは、この「合理的配慮」について述べたいと思います。

要求を受け容れることがよい環境をつくるとは限らない

まず、「合理的」とはどういう意味なのか調べていきます。

『大辞泉　第2版』（小学館）によると、「合理的」とは「1　道理や論理にかなっているさま」「2　むだなく能率的であるさま」とあります。そして「配慮」とは「心をくばること。心づかい」とあります。

「合理的」であるためには「1　論理性」と「2　効率性」が必要ということになります。つまり、合理的配慮とは論理的で効率的に行われる心遣いということです。

論理的にかつ効率的に仕事をする場合、仕事の依頼者と受け手双方の関係者による話し合いが絶対条件となります。発達障害に関する支援も同じです。支援をする者が一方的に支援していてもいい結果になるとは思えません。また、支援をされる者が一方的に支援を要求し実行させてもいい結果とはならないでしょう。支援とはそういうものであると私は考えています。

例を挙げて考えてみましょう。ある小学校に勤務している50歳の男性、A先生の話です。A先生は、3月までは特別支援学級の担任の先生でしたがその学級の保護者から指導力についてのクレームが入り、4月から通常の学級の担任になりました。正確な言い方をすれば、この学校の校長が、配置替えをしたということになります。当然、校長は、A先生の意向を聞いて配置を替えました。

A先生は、前年度はいろいろとありましたが、4月から心機一転頑張ろうと決意していました。初日が終わったときのことです。そのクラスの一人の母親が、校長のところを訪ねていって要求しました。

その母親の子どもは、自閉症の診断が出ていました。

対人関係に弱さを持ち、友達づくりや集団行動が苦手でした。成績には問題はないものの、相手の言っていることをすぐに理解するのが苦手で、前の先生はメッセージカードを活用して「次は音楽室で授業です」とか「明日は、漢字のテストです」などと文字情報でも伝えるようにしていました。

その母親はこう言いました。

「A先生を担任からはずしてください。A先生にうちの子を見てほしくありません。A先生の授業はさっぱり分からないと皆さんが言っているではありませんか。覇気もないし、授業中に寝ているこどもあるそうじゃありませんか」

まだ、A先生は何もしてない段階です。その日に子どもたちと顔を合わせただけと言っても過言ではありません。A先生は、前の担任の先生からその自閉症の子どものことを聞いていて、メッセージカードなどを活用しようと準備もしていました。

この話を聞いて「まだ、授業も本格的に始まってないのに担任を代えろなんていうのは、いわゆるモンスターペアレントなんじゃないか」「まだ始まっていないのに校長先生のところまで押しかけていって担任を代えろというのはやりすぎだろう」と思う方も少なくないのではないでしょうか。

しかし、この母親のとった行動は担任を変えてくれという要求を学校に言いにいっただけであって、その行動自体に問題はないと私は考えています。母親なりに情報を得て、不安を覚えての行動であったに違いありません。

注目すべきなのは、その後の校長の対応と母親の行動を受けてのA先生の対応ということになります。

1人の親から担任を代えてくれと言われて「ハイハイ代えましょう」と校長が言ったのをA先生が受け入れ、実際に病気休暇扱いにし、教育委員会から代理の先生を配置させるようにしてひとまず親の要求を汲んで収めたというところが問題です。

このような校長であってはいけません。

校長は、A先生を代えるように言ってきた母親の真意は何かをつかむべく、母親と話し合う努力をしなければならなかったのです。それは、困難であり根気のいる仕事かもしれませんが、それしか方法はありません。攻撃の矛先が、校長自身に向かってくる可能性もありますが、それは承知の上でこの母親と向き合うべきです。

この母親の心の中核にあるのは不安です。A先生の指導がわが子にとって不十分なものであり、その結果として学力が下がったり、友達関係がうまくいかなくなったりするのではないかという不安です。前の担任の先生がメッセージカードを使って視覚支援をしていたという情報は重要です。他にも、この母親に、子どもについてどのような支援が必要か聞いてみることから始めなければならなかったのです。

母親も実際に具体的に学校に対してわが子への支援について要求する必要がありました。このようなケースの場合、親がよく「子どもにどのように指導するかは、教育の専門家であるあなた方教師が決めることでしょう」と学校に言ってきます。しかし、本当にそう思っているのならクレームをつけることは必要ないでしょう。クレームをつけるときには、方法論についての何かしらの方向性を突きつけなければなりません。

それは、こうやればうまくいくという具体的なものでなくてもかまわないと思います。それがないからこのような事態になるわけです。こうしてほしいとかこれはやってほしくない程度のものでもいいので率直に言うべきです。

「それはあなた方が決めることでしょう」と教師を突き放すのは、親としてのわが子への教育をする権利自体を放棄していることと同じです。

本来ならば子どものために親と学校が双方、どのような支援が必要で、どのような支援なら実際にできるのかを話し合うことにより解決していかなければならないのです。この段階で話し合いが進まずにいつまでも担任を代えることに執着しているとしたら母親の行動は、不適切ということになります。

結局、母親の強い担任交代要求により、1学期半ばに担任は病気休暇となり新たな担任に代わりました。母親は、自分の要求が通ったことにより、学校に対して実際の支援について話し合いながら折り合いをつけるという行動も見せるようになりました。しかし将来同じようなことが起これば、また、担任の交代を要求することになるでしょう。

学校としては、校長が学期の始まる前にこのことを予想して、事前協議の場を持つべきではなかったかと私は思っています。

もし、事前協議を行っていれば、学校にとってみても母親の気持ちをつかむことができたでしょうし、母親の要求に対して学校のできる支援を提示し、協力して子どもの教育をしていくきっかけを得ることができていたかもしれません。

クレームとして表に出た形で要求される前に、事前に情報としてつかんでいるのであれば、予想して事前協議をするという手法がとれます。

広島県内の数多くの学校におけるクレーム事例を解決してきた私の経験に照らして語ると、事前に協議したほうが、事が起こる前だと、双方歩み寄り折り合いをつけるといった姿勢で行え、折り合える可能性が高いのです。

要求を受け入れるのではなく、要求を事前に察知して話し合う。そうすることで、きっと子どもたちにとってすばらしい環境が整えられます。これこそが「合理的配慮」と言えるのではないでしょうか。

障害に応じて必要な支援とは

文部科学省のホームページに「中央教育審議会初等中等教育分科会特別支援教育の在り方に関する特別委員会」の第3回に検討委員に配布された資料が公開されています（www.mext.go.jp/b_menu/shingi/chukyo/chukyo3/044/attach/1297377.htm）。

この中の「別紙2『合理的配慮』の例」という表題のついた資料には、文部科学省が考える合理的配慮の例が示されています。文部科学省のものですから学校教育現場での例ということになりますが、合理的配慮というのは学校教育だけを想定しているのではなく、職場、病院、デパートなどあらゆる公共施設などを想定しているのです。さまざまな場面で役立つのではないでしょうか。

具体的に合理的配慮について理解する上で分かりやすいのは学校教育現場での例であると思うので、ここに紹介して解説します。

この資料では、障害別に合理的配慮の例を挙げています。視覚障害、聴覚障害、知的障害、肢体不自由、病弱・身体虚弱、言語障害、情緒障害、LD、ADHD、自閉症といった発達障害の8つの障害別に列記したものと、すべての障害にあてはまる「共通」という項目があります。

直接に発達障害に関係してくるのは、「共通」と「LD、ADHD、自閉症等の発達障害」ということになりますが、これまで見てきたように、診断名だけでなく、その人の症状に合った支援をするためには、その他の障害の項目に書いてあることもきっと役に立つはずです。

たとえば、「聴覚的短期記憶」の弱さがあれば、聴覚障害者への配慮に書いてある事項は有効なものである可能性が高いですし、「LD」ならば視覚障害者や知的障害者、言語障害者への配慮事項、「ADHD」ならば情緒障害者への配慮事項に有用なものがあるはずなのです。

それでは、最初の「共通」という項目からここに引用します。

1．共通

・バリアフリー・ユニバーサルデザインの観点を踏まえた障害の状態に応じた適切な施設整備
・障害の状態に応じた身体活動スペースや遊具・運動器具等の確保
・障害の状態に応じた専門性を有する教員等の配置
・移動や日常生活の介助及び学習面を支援する人材の配置
・障害の状態を踏まえた指導の方法等について指導・助言する理学療法士、作業療法士、言語聴覚士及び心理学の専門家等の確保
・点字、手話、デジタル教材等のコミュニケーション手段の確保
・一人一人の状態に応じた教材等の確保（デジタル教材、ＩＣＴ機器等の利用）
・障害の状態に応じた教科における配慮（例えば、視覚障害の図工・美術、聴覚障害の音楽、肢体不自由の体育等）

最初にある、バリアフリー・ユニバーサルデザインの観点を踏まえた障害の状態に応じた適切な施設設備とはどういうものか少し分かりにくいと思いますので、例を挙げて説明します。

皆さんは、駅や街中でいろいろな自動販売機を見かけると思います。元気でなんら障害もない方はあまり気にならないと思いますが、自動販売機の世界も進化し

ていると私は感じています。

従来の多くの自動販売機には、缶の見本の下にボタンがありました。そして、缶の取り出し口は下のほうにあります。これだと、小さい子どもや車椅子に乗った人は、上のほうのボタンは押せないこともあるでしょうし、障害によって、うまくかがめない人は取り出しにくいこともあるでしょう。利用者からすると不便を感じていた人もいたはずです。

しかし、最近、缶の見本は上のほうに並んでいるのですが、せいぜい80㎝ぐらいの高さのところにお金の入り口、缶の取り出し口、ボタンの位置が並んでいるものを見かけるようになりました。街中で見つけ、「これなら、体の小さい子どもでも、車椅子の乗った人でも買えるなあ」と感心したものです。このような自動販売機が、バリアフリー・ユニバーサルデザインの観点を踏まえた障害の状態に応じた適切な施設整備といえます。

多数の方が不便ではなく、少数が不便な場合、不自由さは、あまり表に話として出てきません。したがって、多数の方は何も知らずに過ぎてしまうものです。

そして、ユニーサル・バリアフリーにおいて、重要な観点は、「アクセシビリティー（アクセスしやすい）」と「使いやすさ」と「持続可能性」です。使いやすいものは、身体的な負担だけでなく精神的な負担も少ないものです。

よく、「足を踏まれた者の痛みは、足を踏んだ者には分からない」と言います。利用に際して感じる差別感や屈辱感というものは、認知や身体能力、体力、体格に問題のないものにはなかなか気がつかないことを認識しなければなりません。そのためにも、当事者からの配慮への要求に基づいて話し合いを行い解決していくという「合理的配慮」の考え方は重要なものです。

それでは話を続けていきます。

2. 視覚障害
・教室での拡大読書機や書見台の利用、十分な光源の確保と調整（弱視）
・音声信号、点字ブロック等の安全設備の敷設（学校内・通学路とも）
・障害物を取り除いた安全な環境の整備（例えば、廊下に物を置かないなど）
・教科書、教材、図書等の拡大版及び点字版の確保

3. 聴覚障害
・FM式補聴器などの補聴環境の整備
・教材用ビデオ等への字幕挿入

4. 知的障害
・生活能力や職業能力を育むための生活訓練室や日常生活用具、作業室等の確保
・漢字の読みなどに対する補完的な対応

5. 肢体不自由
・医療的ケアが必要な児童生徒がいる場合の部屋や設備の確保
・医療的支援体制（医療機関との連携、指導医、看護師の配置等）の整備
・車いす・ストレッチャー等を使用できる施設設備の確保
・障害の状態に応じた給食の提供
6. 病弱・身体虚弱
・個別学習や情緒安定のための小部屋等の確保
・車いす・ストレッチャー等を使用できる施設設備の確保
・入院、定期受診等により授業に参加できなかった期間の学習内容の補完
・学校で医療的ケアを必要とする子どものための看護師の配置
・障害の状態に応じた給食の提供
7. 言語障害
・スピーチについての配慮（構音障害等により発音が不明瞭な場合）
8. 情緒障害
・個別学習や情緒安定のための小部屋等の確保
・対人関係の状態に対する配慮（選択性かん黙や自信喪失などにより人前では話せない場合な

ど）

9．ＬＤ、ＡＤＨＤ、自閉症等の発達障害
・個別指導のためのコンピュータ、デジタル教材、小部屋等の確保
・クールダウンするための小部屋等の確保
・口頭による指導だけでなく、板書、メモ等による情報掲示

支援というのは、支援者が勝手にやるものでもなければ、障害者が強制するものでもありません。障害により困難を抱えている者は、支援を求める権利があります。その支援のあり方を、本人と家族、学校、企業などの関係者が話し合って作るもの、これを合理的配慮というのです。

最高の支援は、誰にとっても心地よい

ユニバーサルデザインや障害者のための合理的配慮をすることは、何も障害者のためだけになるというわけではありません。

ある私立高等学校での出来事です。

その高校は、県内屈指の進学校で、川崎順平くんはそこに通う高校3年生でした。

1学期の中間テストが終わり、英語担当の木島先生が採点済みの答案用紙を英語の授業中に

生徒に返却していました。

木島先生は、返却前に生徒たちに言います。

「今から中間テストの答案用紙を返すぞ。名前を呼ぶから取りに来て」

そして、出席番号順に名前を呼んで一人ひとりの生徒に手渡しました。

全員に返し終わったときにこう言いました。

「今から正解を言うよ。自分の答案用紙を見て答え合わせをして、採点間違いがあったら持ってきて。この時間内なら直すから」

そして、正解を口頭で言い始めたのでした。

「問い1、（1）ア　（2）ウ　（3）オ………」

すなわち、正解をただ読んでいったのでした。

あとで、木島先生に聞いて分かったのですが、ゆっくり読むなど木島先生なりに配慮はしたということでした。

単語もただ読むだけでなくてスペルについてアルファベットで一文字ずつ補足もしたそうです。

一通り読み終えたあとにもう一度こう付け加えました。

「この時間内なら、採点ミスは直すので持ってきて」

生徒たちは、一斉に自分の解答用紙とにらめっこをして、間違えがないか探します。2、3人の生徒が、採点ミスを持ってきて点数を書き換えてもらいました。よくある光景です。

事件は、2日後にやってきます。

この項の冒頭で紹介した川崎くんは、勉強は学校でも1、2番という秀才です。小学校6年生のときにアスペルガー症候群の診断が出ていました。

数学や物理なんかは抜群にできます。他の教科もよくできるのですが、本人に言わせると数学と物理が好きだということでした。

川崎くんは、「聞く力」に弱さを持っていました。すなわち、聴覚的短期記憶が弱かったのです。

半面、視覚的記憶は抜群でした。英単語などは、30語くらいならものの30秒間、単語帳を眺めただけで記憶できてしまいます。テストは得意でした。

川崎くんは、木島先生が答え合わせを口頭でしていたときは、ぼんやりしていて何を言っているのか分からなかったと言います。

授業のとき、先生が説明を一生懸命にしていても何も耳には入らない。みんなが笑っていても何がおかしいのかも分からない。だから、ぼんやりしてしまう。文字で読むとすぐに分かる。

教科書や参考書を読めば、何でも分かる。テストだって満点が取れる。これが彼の言い分です。

彼の英語のテストの点は、98点でした。1問だけ間違っていました。しかし、家に帰って改めて答案用紙を見ても、そこは間違っていないように思えるのでした。

明くる日、川崎くんは朝イチ番で木島先生のところへ行きます。

「この答えで合っているんじゃないですか?」

木島先生は、答案用紙を見て言いました。

「合ってるな」

川崎くんが返します。

「直してください」

木島先生が、少し考えて言ってしまいました。

「昨日言っただろ。その時間内なら直すと。もう遅い」

川崎くんは、食い下がります。

「先生が間違ったんじゃないですか」

そんなやり取りをかれこれ20分ぐらいしたとき1時間めが始まり、川崎くんは教室に戻るように強く言われてしぶしぶ戻っていきました。

この日の放課後、川崎くんは職員室の木島先生のところに行ってこう言いました。

「先生は、採点した後に確かめをしましたか？」

このへんで、木島先生は謝ったほうがよかったと思います。後で書き直したと疑ったのかもしれませんが、川崎くんのようなタイプはうそをつきません。不正を誰よりも嫌うタイプです。

「川崎、悪かった。許してくれ。直そう。これからも頑張れよ」

これで終わっていたはずです。

川崎くんのようなタイプは、謝ることでしか物事のリセットをしてくれません。こだわりが強いという特性があるので、非が相手にあれば謝ってもらうことでしか自分をリセットできないのです。しつこく相手の非を問いただすため、本当にしんどいのは川崎くんなのです。

さらに、川崎くんの質問攻めは続きました。

「木島先生は、定期テストをどのようにお考えですか？」

「採点ミスが生徒に与える影響はどんなものだと思いますか？」

この日から放課後毎日2時間、10日間にわたって質問攻めが続きました。

困り果てた木島先生は、私に今後の対応について助言を求めてきたのでした。

合理的配慮というのは、日頃の姿勢や視点が重要です。ボーっとしている生徒がいたとき、その生徒のことをボーっとした性格なんだとだけとらえてしまうと、何の発展もありません。その生徒が何を必要としているのかなど見えてきません。

もし、日頃から、生徒一人ひとりの特徴を見て、その生徒にあった教育をしたいと取り組んでさえいれば、たとえ、認知の弱さに対する支援を技術として知らなくても、何らかの発見や工夫が生まれてきた可能性があったと思います。

さらに、「聴覚的短期記憶の弱い生徒には、視覚支援が有効。それが難しければゆっくり言う、何度も言うといった対応で様子を見る」という知識を持っていれば、川崎くんの要求や指摘を素直に受け入れることができたはずです。

私がアドバイスをすると、木島先生は、私の指摘を受けて川崎くんに謝罪をしました。そして、テストの答え合わせには正解の書いたプリントを用意するようになりました。そして、普段の授業も、黒板に今まで以上に情報を丁寧に書くようになったそうです。

その結果、クラスの平均点は10点近くアップしたといいます。

実は、聴覚的短期記憶の弱さに対する配慮は、認知に弱さを持っていない者にまで大きな効果を生むということです。

発達障害を抱えた人たちへの対応は、すべての人たちにも、大きな配慮となるのです。

高いレベルで相手を思いやる

支援をする上で、「合理的配慮」ともう一つ大切なことがあります。それはレベルの高い支援をすることです。では、どのようなものがレベルの高い支援なのでしょう。

私の経験上、それは次のような計算式で表せます。

私のオリジナルな式なので、少し恥ずかしいような気もしますが、支援のレベルを表す「竹内モデル」と名づけさせてください。


（支援のレベル）＝（支援される人の気持ち）×（支援する人の気持ち）

（支援される人の気持ち）の最大値10、最小値0。（支援する人の気持ち）の最大値10、最小値0と考える。


この式だと最高の支援は（支援される者の気持ち）と（支援する者の気持ち）の両方が最大値10のときです。

具体的に言うと、（支援される人の気持ち）が最大値であるというのは、支援を受けたいという気持ちを持ち、支援を受けることにより自立して社会に貢献したいという希望を強くもっている状態であるときのことです。そこには、自分の意思をわがままに貫き通そうという独りよがりではない、純粋な思いや冷静な判断があることも重要です。そして、支援をする者と協力して最高の支援を受けたいという熱い気持ちがみなぎっています。

そして、（支援する人の気持ち）が最大値というのは、支援をしたいという気持ちを持ち、支援をすることによって自分の存在価値を確認し、社会に貢献したいという希望を強く持っている状態であるときのことです。そこには、相手のことを思いやることのない自己満足な態度は全くありません。自分のできること、できないことを冷静に判断し、率直に相手に伝えることができるということも重要です。そして、支援される人と協力して最高の支援を提供したいという熱い気持ちを持っています。

この（支援をされる人の気持ち）＝10、（支援する人の気持ち）＝10を、支援の「竹内モデル」の数式に代入すると、値は１００になります。これがレベルの高い支援です。

逆にレベルの低い支援というのは、言うまでもなく、支援のレベルの値が、最小値０となるときのことです。

ここで、竹内モデルをもう一度見てください。肝心なのは、掛け算だということです。（支援される人の気持ち）と（支援する人の気持ち）のどちらかが0だと、支援レベルは０になってしまいます。

極端な例を挙げれば、最高値10を示す優れた支援をする人が支援をしようとしても、支援を受けるほうが、最小値０ならば、値は0であり、最低の支援の状況となってしまうのです。もちろんその逆、最高値10を示す支援を受ける人であっても支援者が最小値０であれば、結果は

0であり最低の支援という状況となります。

さらに、補足すれば（支援される人の気持ち）＝1しかない支援を必要としない、とても消極的な人と（支援する人の気持ち）＝1しかないあまり優れているとはいえない支援者同士のケースでも、1×1＝1あるわけですから、（支援される者の気持ち）＝10の人と（支援するものの気持ち）＝0の人同士のケースよりも、支援が存在する分ましです。

支援というのは、相互の関係でなされるものなのです。

21世紀型の新しい障害観

今、世界的なレベルで、障害に関する観点が変わろうとしています。

まずは、これまで、障害をどのように定義づけてきたかというところから考え、それから21世紀に入って、その障害観がどのように変わってきたかということを見ていきます。

1980年代に入り、日本をはじめ先進諸国では、臓器障害だけでなく、視覚障害や歩行障害の原因ともなる高血圧、糖尿病といった成人病などの慢性疾患が増えていきました。

また、医学の進歩により、高度な延命治療が行われる反面、障害を負うリスクも少なからず高まってきているように思われます。さらに、世界的な視野で見ると、サハラ以南アフリカ諸国やアラブ諸国など世界では戦争が常にどこかで行われており、戦争により負傷し障害者になるというケースも増えています。

障害を抱えた人の増加と人権尊重の気運の高まりにより、障害について疾患が生活・人生に及ぼす影響を検討する必要性が高まってきました。

WHO（世界保健機関）は、「精神及び行動の障害国際分類」というものを10年に一度の割合で発表しています。英語では、ICD（International Classification of Mental and Behavioural Disorders）と言います。これは、精神的及び身体的疾病の分類のことです。現在は、改訂第10版である「ICD－10」が最新版となります。

これは、疾病分類であり障害分類としては不十分です。疾病とは、病気や怪我のことであり、障害とは活動に制限があるということです。したがって障害はもともとの身体などの能力や社会的な環境により、その状況に違いがあります。そこで、WHOは、1980年に「国際障害分類」を発表しました。英語では、ICIDH（International Classification of Impairments, Disabilities and Handicaps）と言います。現在でも、保健、医療、福祉関係者だけでなく、教育、労働関係者の間で活用されている分類です。

ICIDHでは、障害を次の図のようにA、B、Cの3つのレベルで説明します。

Aのインペアメント（機能・形態の障害）というのは、もともとの体の各部位が形態の異常や損傷といった障害によって機能的不全を起こしている状態を意味しています。いわば生物学的レベルでの障害です。病気や怪我によって顕在化する障害とも言えます。

Bのディスアビリティ（能力の障害）というのは、個人個人で状況に違いが出るような能力の問題のことで、Aの機能、形態の障害のために実際に生活する上で、さまざまな活動が制約を受けることを表しています。

Cのハンディキャップ（社会的不利）というのは、その人が抱えている障害への特性の理解不足や配慮の不足、そして不適切な対応などによって引き起こされる社会的な不利のことです。

どういうことか、例を挙げて説明していきます。18歳になるけいこさんは、筋肉が衰えていく筋髄性萎縮症で人工呼吸器を使用しているために、大学へ毎日のように通学できません。

そこで通信制の大学に入学し、主として自分

「国際障害分類」障害モデル（1980年）

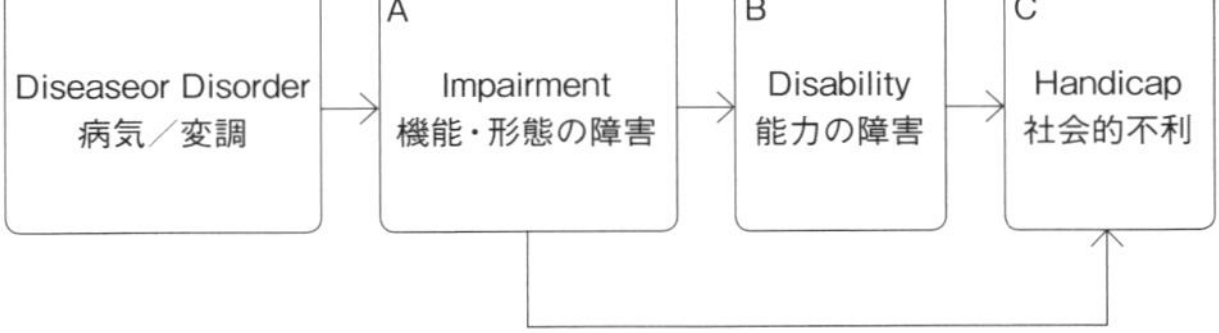

病気や体の変調が原因となって、体の機能や形態に障害が生じ、それが原因となって、能力の障害が生じ、それがさらに社会的な不利を引き起こす。そして、体の機能や形態に障害が生じたことが個人的な生活能力には影響が出なくとも社会的な不利に通じることがあることを表している。

で文字を書いて、レポートの提出により単位をとっていました。

しかし、症状が悪化したため、両手の筋力が低下し、レポートが書けなくなりました。「大学に行けなくなる」と悲しみにくれていたけいこさん。しかし、そんな彼女を見かねて、作業療法士が特別な装具を作ってくれました。その装具をつけることにより、けいこさんはタブレットを使ってレポートの制作ができるようになったのです。

この例だと、両手の筋力低下という「A機能・形態の障害」により、文字を書くことができないという「B能力の障害」が発生することになったと考えられます。

そして、レポートを制作して大学での単位をとり、大学卒業資格をとることができなくなるという、「C社会的不利」が発生したことになります。

しかし、装具の開発とタブレットの活用によって、字を書くという能力が回復して、レポートを作成できるようになったことで、大学での単位をとるというけいこさんの社会生活を取り戻すことができたということになります。

けいこさんは、「A機能・形態の障害」のレベルでは、変わっていないけれども「B能力の障害」のレベルでは克服にいたり、「C社会的不利」のレベルにおいては解決したのです。

これが、20世紀型の障害観です。

それまでは、生物学的レベルで身体的な障害を障害ととらえてきましたが、20世紀になり、個人差レベルの問題から見た能力的な面での障害と、社会の障害への理解の度合いや対応という観点を示すハンディキャップを加えたということです。

私はこの3つのレベルでとらえる20世紀型の障害観もその考え方において現在でも有効であり大切なとらえ方だと思っています。決して古い考え方ではありません。今なお確認したい、分かりやすい考え方です。

障害という言葉が出てきたとき、この考え方にそってどのレベルでの障害を言っているのかを常に検討してみることが大切です。

それでは次に21世紀型の障害観について述べていきます。

２００1年にＷＨＯは、先に述べた20世紀型の障害観である国際障害分類（ＩＣＩＤＨ）を改訂し「国際生活機能分類」を発表しました。これは、英語でInternational Classification of Functioning, Disability and Healthと言います。略して、ＩＣＦです。今日においては、これが世界基準と言ってもいいでしょう。

厚生労働省は、そのホームページで２００2年8月5日付けで「国際生活機能分類－国際障害分類改訂版－」を公開しています（http://www.mhlw.go.jp/houdou/2002/08/h0805-1.html）。

ここからはそこの記述の要約を基に説明します。

厚生労働省によれば、まず概略として次のように書いています。

「ICFは、人間の生活機能と障害の分類法として、2001年5月、WHO総会において採択された」

そして、この特徴は、これまでのWHOの国際分類（ICIDH）が「～ができない」というマイナス面を分類するという考え方が中心であったのに対し、ICFは、できるためにはどうしたらいいかというプラスな面を持つ生活機能から見るように視点を転換し、さらに環境因子等の観点を加えたのです。

環境因子とは物理的・人的環境、人の態度、教育サービスなどの制度が含まれます。これを評価するということは、良い、悪いをはっきりさせようということです。悪いということが分かれば改善していこうという考え方です。

障害者本人の努力が足りないとか、障害者本人が変わることを第一義的にとらえるのではなく、教育の働きかけや環境の改善を重視している点がすばらしいと私は思います。

たとえば、車椅子を使用している人は、エレベーターのない歩道橋を渡ることができません。この社会的不利は疾病が原因となります。ICIDHの「C社会的不利」の見方は、「車椅子を使用しているので歩道橋を渡ることができない」という見方です。しかし、この歩道橋にエレベーターがついていたり、歩行する人々が手を貸してくれたりすれば、歩道橋を渡ることはできるはずです。

「〜があれば、……ができる」という考え方をさまざまな視点や角度から導入したのが「ＩＣＦ」なのです。

21世紀型の障害観は、プラス思考なんだと主張しているように私は感じます。

プラス思考の障害観、プラス思考の障害分類。非常に前向きになれる言葉です。

そしてＩＣＦは、障害者だけではなく、すべての国民に関係するといっています。それも、保健・医療・福祉サービス、社会システムや技術のあり方という我々の生活そのもののあり方の方向性を示しているといっているのです。

具体的に、ＩＣＦの分類をみながら、詳しく説明していきたいと思います。ＩＣＦの構成要素は、「心身機能・身体構造」「活動・参加」「環境因子」の三つです。分類表には出てきませんが、実際はこれに「個人因子」が加わります。

すなわち、ＩＣＦは人間の生活というのは、まず「心身機能・身体構造」という面があり、それにどのような「活動」をするかという面とその行為を行うかどうかという「参加」という面を持つと考えます。

そして、それはヒトやモノという環境や自分の意欲、やる気などの個人の要因と相互に関係しているのです。

そこで、次のようなモデル（次ページ）を考えてみました。これと下のＩＣＦの図を重ね合わせることで、分かりやすくなると思います。日本テレビの人気番組「はじめてのおつかい」をモデルにしました。

幼い子どもにとっての初めてのおつかい。道を歩いてお店に行くのも大変、何を買うかも、お金の出し方、おつりの受け取り方も分かりません。

でも買い物はやってみたい。おつかいをするとママに褒められてうれしい。

これをモデルにしてＩＣＦの図にすると次のようになります。

「心身機能・身体構造」における機能障害として「幼児であることによる知的な低さ」を考えます。これは、障害ではありませんが、幼児でありまだ知力も高まっていないので、おつかいをすることが困難な状況にあるわけです。

ICFの構成要素間の相互作用

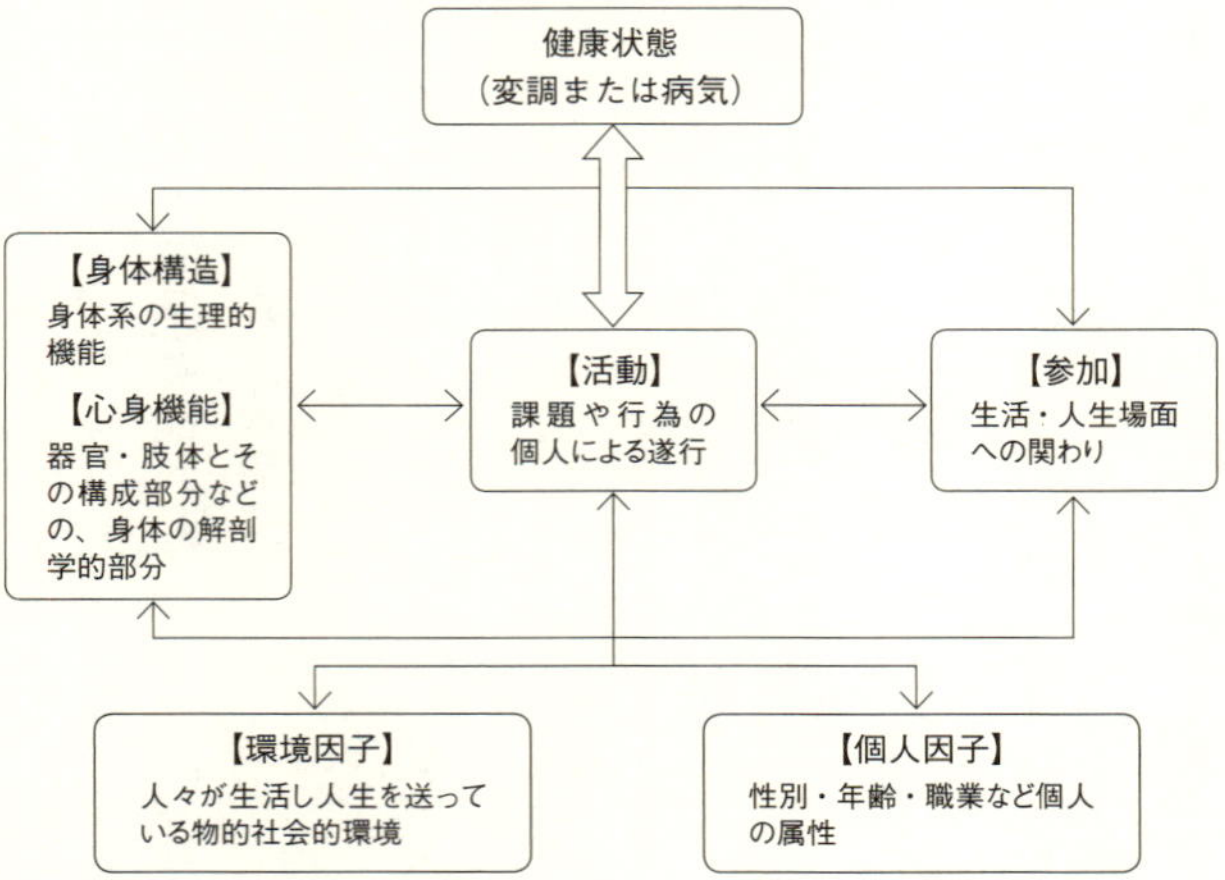

「活動」における活動制限として、お金の払い方が分からない、おつりの受け取り方が分からない、お店までの安全な歩行が難しいなどがあげられます。

「参加」における「参加制約」として買い物ができない状況があるので、まずは初めてのおつかいをして、その後、買い物の回数を重ねることがいいのではないかというモデルが考えられます。

そのための「環境因子」として考えられるのは、事前に家でお買い物ごっこをしてみたり、実際に買うものを実物で見せたり、店員へ、幼児への対応を依頼したりすることがあげられます。

その結果、幼児自身には「楽しい」「うれしい」「またやってみたい」という感情や意欲が

初めてのおつかいをICFで考えた場合

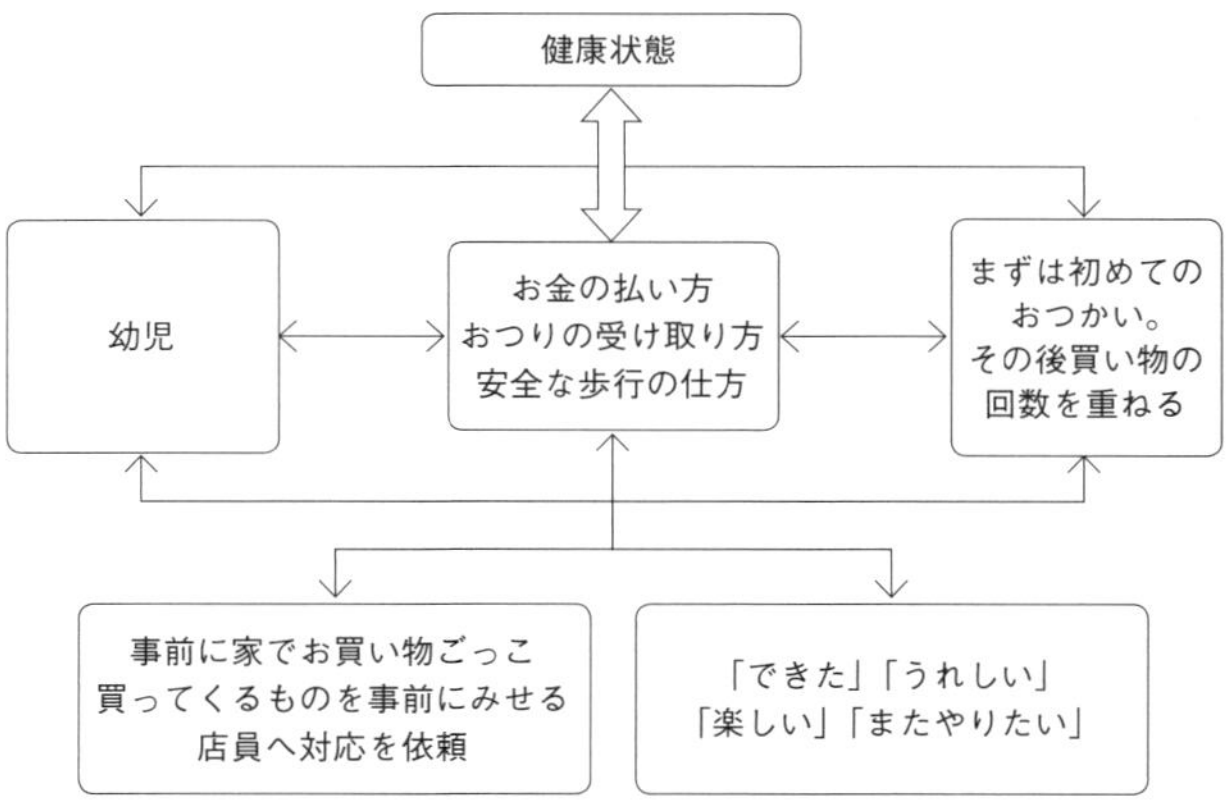

ICFの構成要素を「初めてのおつかい」を例に具体的に例示してみたものである。

生まれます。

このＩＣＦによって障害を分析し、障害があるから乗りこえられないのではなく、障害が障害にならないように、活動を工夫したり、参加をうながしたり、環境をつくりかえたりすることにより、自分が変わり、周りの人々も変わっていきます。

その結果、初めて障害を乗りこえられるのです。

主役は、障害を持った人たちだけではありません。周りの人びとも含めて全員です。

障害をプラスに変えるための取り組み

最後に、ＩＣＦの特徴でもある、障害に対してプラスの視点を持つということはどういうことか。具体的な事例を挙げてみていきたいと思います。

その生徒は、特別支援学校中学部3年生の知的障害のある自閉症でした。こだわりが強く同じ絵本や同じ遊び道具を1時間でも2時間でもながめています。

アニメなどのキャラクターが大好きでした。あるときはアンパンマン、またあるときはキティちゃんやドラえもんにはまります。

視覚過敏で、視覚刺激に対する感覚異常を持っていました。

アンパンマンをどんな状況でもすぐに発見します。視覚過敏というと、明るさに過敏で、サングラスの着用が必要であるというようなことを想像するかもしれませんが、アンパンマンという刺激に過敏に反応するというものも視覚過敏ととらえます。私はこのことをこの生徒から学びました。

廊下を普通に歩いていたかと思うと急に立ち止まります。どうしたのだろうと思うと、教室に入って本棚からアンパンマンの本を抜き出してながめ始めます。薄い本の背表紙に小さくアンパンマンの絵があり、小さい文字でアンパンマンと書いてあるだけなのにすぐに見つけます。たくさんの本の中から遠く離れていてもすぐに見つけることができるのです。周りの先生方は誰もが驚くのですがこれは視覚過敏のなせる業です。

目に自分の好きなものが入ってくればすぐにそこに飛んでいき、それを取り上げてながめ始めます。自分の教室にいて廊下をアンパンマンの本を持って歩いている生徒を見ただけで、教室を飛び出してその本を取り上げるというようなことは日常茶飯事でした。

半面、アンパンマンに飽きると今度は少しでも視線に入ることを嫌っていました。いやになった本は、その教室が2階にあろうが3階にあろうが窓から放り投げます。多動性やこだわりといった問題の一因が視覚過敏にあったのです。

このような多動やこだわりというのは、ＩＣＦで分類されるところの「活動制限」になります。落ち着いて学習する活動に制限がかかっているのです。

原因は、視覚認知の過敏です。

21世紀型の障害観では、視覚過敏から「活動制限」がきており、これは治療が困難だからしようがないからほうって置こうということにはしません。

障害のある本人を変えようとする視点ではなく、環境や教育的な働きかけを工夫することで対応できないかと志向していきます。

私がとったのは教室の物理的環境を調整するという方法です。教室の一角をその生徒用のスペースにします。窓にはカーテン、その生徒の机の周りはパーティションで仕切ります。その生徒だけの空間をつくります。そして、無用の視覚的刺激を受けないような工夫を施すわけです。

スケジュールを明確化して学習時間はそのスペースで行うように練習することから始めます。視覚過敏のある生徒にとって余計な視覚刺激を受けないわけですから、本人にとっても落ち着いて学習に打ち込めるのです。学習を一定時間実行したら褒めなければいけません。今まで怒られ続けてきた生徒です。注意や叱責でしか声をかけられてこなかった生徒です。適切行動には必ず褒めるようにしました。

この生徒の障害にだけ目を奪われるのではなく、教室の物理環境や先生の接し方を変えることで障害ではなくなるという視点です。やることが分かり、褒められるわけですから学習に目が向いていきます。

さらにこだわりが強いということは一度身につけた習慣の定着度は高いと言えます。障害が障害でなくなるだけでなく、自分の長所へと変わっていくのです。

先生の接し方を含めて環境を整えることにより、この生徒の問題行動は飛躍的に減少し、授業や学習活動に参加する時間が増えていきました。

先生から褒められることも多くなっていきます。こうなってくると、ますます学習活動は前向きのものとなり、自分から学習しようという意欲も高まっていくものです。

結果、この生徒の自己肯定感も高まり、自立へ向かって進むことになります。

これを個人因子というわけです。

発達障害の一つであるＡＤＨＤの多動性・衝動性というのは悪いことなのでしょうか。たとえば、原始時代に狩猟生活をしていた当時なら危険からすばやく逃げることができる能力であり、獲物を瞬時に捕らえることができる能力を持っていることを意味します。

自閉症スペクトラム障害のこだわりという側面にしても、たとえば研究者としてなら細かい部分も見落とさず緻密な研究をしていくのです。

したがって、発達障害を抱えていても、昔の世なら何不自由なく暮らしていけたのではないでしょうか。

そして、現代にあってもある部分ではむしろ優れた面を持っていると言えます。

20世紀、21世紀と時は進み、社会は急激に変化しています。そこへの対応が追いつかないのが発達障害であるともとらえられます。もちろん、発達障害の人たちが社会に適応できるよう支援の手を差し伸べることも必要ですが、社会自体を変えることも求められているのではないでしょうか。

その人ができることを最大限にできる社会を築く。それこそが、障害をプラスに変える取り組みのように思います。

大切なのは、発達障害を治すことではなく、世の中が変わることなのです。

おわりに

私は、この本を書くに当たって2つの使命感を持って原稿と夜毎向き合っていました。

1つめは、医学的な根拠を明らかにするのではなく、実際に発達障害の子どもたちや青年たちと長年向き合ってきた教師としての経験に基づいたものを書かなければならないという使命感です。学校というところは、月曜日から金曜日の午前8時過ぎから午後4時前まで、昼間の生活の大部分を子どもたちに寄り添って生活できるところです。そこで、子どもたちとは最低でも1年間、私は主として中学校や特別支援学校の高等部に所属していたので、長ければ3年間付き合うことができました。

教師だって、調子のいいときもあれば、元気のないときもあります。若い女性の先生もいれば、定年前の男の先生もいます。独身の先生もいれば、子どもを5人も育てている先生もいます。子どもだって、機嫌の良い時もあれば荒れているときもあります。

それぞれ個性を持った人間がぶつかり合うのが学校です。学校は社会の縮図であり、そこでは良いことも悪いことも日々起こって当然です。

発達障害と向き合い、乗りこえるためには、まさにそうした現場からの声が必要だと私は考えています。一生懸命に生きている発達障害を持つ方々の生の姿、悪気はないけれど、結果として望ましくない方向に向かっている周囲の反応や行動。そこにできるだけ分かりやすい解説を加え、改善の方向性を示したかったのです。

二つめは、発達障害を理解する意味や意義は、一部の人に限ることではないと理解してもらわなければならないという使命感です。

私の講演を聞いた方の多くから「自分の話として聞いた」と感想をよせていただきます。誰もが特性上の弱さを持っています。逆に強さも持っているのが人間です。それは、聞く、話す、読む、書く、計算する、推論するといった学習する力の強弱だったり、忘れ物が多いなどの不注意性だったり、衝動性や多動性だったりします。

また、一見関係ないようですが、日本は超高齢化社会を迎えようとしています。発達障害は生まれつきの認知の弱さをその原因の一つとしていますが、私たちも高齢化すれば認知の弱さを否が応でも経験することになります。発達障害のある人の困難さをただ知るだけでなく、科学的に掘り下げて対応についてまで検討することは、実は将来の自分のためになるのです。

誰一人として同じ人間はこの世にはいません。一卵性双生児とて、似ていても同じではありません。好きな食べ物が違う、好きな音楽が違う、世界レベルで見れば、言語、宗教、思想、主義などもっと多くのあらゆるレベルのカテゴリーに広がっていくことでしょう。

発達障害について考えることは、自分の特性と向き合うことであり、周りに生活する全ての人と向き合うことに繋がっていきます。それぞれ、個性が異なる人同士が認め合い、発達障害のある人が安心して暮らせる社会を作るということは、誰もが安心して暮らせる社会の形成に結びついていきます。本当に個人を個人として尊重できる、いわば「多様性」へのチャレンジが、すべての人たちが今の悩みや困難さを乗りこえる糧にもなっていくのだと思うのです。

さて、出版にあたり、多くの方々の支援をいただきました。

幻冬舎ルネッサンスの栗田亘さんをはじめスタッフの皆さんには、本当に感謝しています。

私は、1890gの低出生体重児で生まれました。幼児期は、多動でデパートの食堂を走り回り、転んでけがをして救急車で運ばれること、3回。小学校の頃は、日本にパンダが来てパンダブームがやってきました。その頃、ちょうど真っ白な大きな猫がわが家にいました。私は、黒い絵の具でその猫をパンダにしました。入院した母は、この2つのエピソードを私の顔を見るたびに言っていました。2012年11月、母は83歳で亡くなりました。生まれたばかりの私を真綿で包み、桐の箱に入れて大切に育ててくれた母でした。いたずらばかりしている私なのに怒られた思い出は一つもありません。白い猫がパンダになろうが、口紅で鏡に落書きをしようが「面白い子ね」と笑っていました。テストで100点をとったときも、大学に合格したときも、結婚相手を自分で見つけたときも「良い子だ、良い子だ」「えらい、えらい」といつも優しくほめてくれました。

なかなかうまく学校や社会に適応できない子どもや若者、そのそばでどうしていいのか分からずに誰にも相談できずに悩んでいる親御さんやご兄弟ご親戚の方、対応したいけど具体的方法が見つからない会社の同僚の方、施設の職員の方や学校の先生方を想像しながらこの本は書きました。きっと母が、私の手をとりパソコンのキーボードを打たせたのだと思います。

本書の執筆を最後に、私は平成26年3月31日をもって32年間に及ぶ教師生活に終止符を打ちました。新たに発達障害者への支援事業を行う会社を立ち上げるためです。

これは、誰もが幸せになれるような平和な社会を作るための私なりの小さなチャレンジでもあります。威勢よく聞こえるかもしれませんが、私は決して強い人間ではないので、大きな不安を抱えながらのか弱き挑戦者に過ぎません。民間によるこの分野への挑戦は現在あまり例を見ないからです。

この本が、平和な社会を作り、明るい未来を創造するための挑戦に向けてのチャート（羅針盤）になればと願っています。

この本を母、静江に捧げます。

２０１４年３月

竹内吉和

著者紹介

竹内吉和（たけうち よしかず）

昭和34年広島県出身。広島大学総合科学部、法学部卒業。広島修道大学法学研究科修了。広島市立大学国際学研究科博士後期課程満期退学。特別支援教育士スーパーバイザー。特別支援教育専門家チーム委員。教育委員会主任指導主事、特別支援学校勤務を経て竹内発達支援コーポレーション設立、同社代表を務める。講演、相談、就労支援、学校・施設・企業へのコンサルテーションを行う。『障害のある子どものための算数・数学（量と測定）』（東洋館出版社）[共著]。

幻冬舎ルネッサンス新書 092

GENTOSHA RENAISSANCE

発達障害《はつたつしようがい》を乗《の》りこえる

2014年4月10日　第1刷発行
2014年5月30日　第4刷発行

著　者　　竹内吉和
発行者　　新実 修

発行所　　株式会社 幻冬舎ルネッサンス
〒151-0051 東京都渋谷区千駄ヶ谷4-9-7
電話 03-5411-6710
http://www.gentosha-r.com

ブックデザイン　田島照久
印刷・製本所　中央精版印刷株式会社

ISBN978-4-7790-6098-4　C0295